劳动合同法
速查速用
大全集

LABOR CONTRACT LAW

畅销6版

刘纪伟 赵 辰 ◎ 主编

一本书囊括你想要了解的劳动合同法律问题

编委会

张晗 于芹 朱敏 李钊 刘睿暄

中国法制出版社
CHINA LEGAL PUBLISHING HOUSE

图书在版编目（CIP）数据

劳动合同法速查速用大全集／刘纪伟，赵辰主编．—6版．—北京：中国法制出版社，2024.4
（实用百科速查速用）
ISBN 978-7-5216-4169-1

Ⅰ．①劳… Ⅱ．①刘… ②赵… Ⅲ．①劳动合同–合同法–基本知识–中国 Ⅳ．①D922.52

中国国家版本馆CIP数据核字（2024）第032797号

| 责任编辑 胡 艺 | 封面设计 周黎明 |

劳动合同法速查速用大全集
LAODONG HETONGFA SUCHA SUYONG DAQUANJI

主编／刘纪伟 赵辰
经销／新华书店
印刷／三河市紫恒印装有限公司
开本／710毫米×1000毫米 16开 　　　　　　　印张／13 字数／143千
版次／2024年4月第6版　　　　　　　　　　　2024年4月第1次印刷

中国法制出版社出版
书号 ISBN 978-7-5216-4169-1　　　　　　　　　定价：42.80元

北京市西城区西便门西里甲16号西便门办公区
邮政编码：100053 　　　　　　　　　　　　　　传真：010-63141600
网址：http://www.zgfzs.com 　　　　　　　　编辑部电话：010-63141817
市场营销部电话：010-63141612 　　　　　　　印务部电话：010-63141606

（如有印装质量问题，请与本社印务部联系。）

前　言

宪法规定了公民有劳动的权利和义务。在我们的生活中，劳动与我们密切相关。劳动是人类的本质活动，是推动社会进步的根本力量，劳动是光荣的，创造是伟大的，劳动者是最美的人。但是在现实中，劳动者往往处于弱势地位，再加上劳动者群体中有一些人知识水平不高、缺乏相应的法律意识，所以在遇到权利受损后也常忍气吞声。尤其在对待劳动合同这一问题上，劳动者一般会觉得无从下手，更谈不上维护自身合法权益。

为了帮助广大劳动者了解《劳动合同法》的相关知识，我们特意编写了《劳动合同法速查速用大全集》一书。在本书中，我们介绍了劳动合同的订立与解除、劳动合同的效力、劳动合同的履行与变更、劳动合同争议解决、劳动合同示范文本以及劳动合同的中的一些重要问题，如试用期、服务期、劳务派遣等。

本书在内容上主要分为以下四个版块：

第一，现实困惑。我们精选了生活中的常见案例，用简练、通俗、生动的语言加以整理汇编，向读者展示了一个个生动的故事，并引发读者思考。

第二，律师答疑。针对案例中的法律困惑，我们以专业律师的视角给读者作出了详细的解答，给读者维护自身合法权益指明了方向。

第三，法条链接。在前面两部分解决了现实困惑，知道如何维权后，我们又及时地列明了相关的法律条文，让读者可以学习和了解更多法律知识。

第四，法理荟萃。生活中每一个案例的背后，都有法学理论的承载和依托。在此部分，我们或传递法学经典理论，或浓缩法律经典知识，或阐明法律维权技巧，从而给读者展现一个完美的收尾。

本书具有"通俗性""实用性""广泛性"以及"便捷性"的特色。考虑到读者的阅读习惯，我们在编书的过程中，始终奉行着这样一个初衷——用通俗的语言把法律问题交代得彻彻底底、明明白白。此外，仅通俗还不够，一定还要实用和广泛。因为只有这样，才能给大众社会生活以法律指导，才能在帮助您解决纠纷和维权的问题上有所成就。

此外，不得不说的也是最重要的一个特色，那就是"便捷性"。本书以小问题做目录，并分类加以整理，使读者在短时间内完成对某个法律问题的检索，真正实现"速查速用"。

传播法律知识，维护合法权益——是我们的口号。我们衷心地希望本书能成为您身边的法律助手！

增订说明

《劳动合同法速查速用大全集》自2014年3月出版以来，受到来自中小企业行政部门、人力资源部门的工作人员以及广大劳动者群体的好评。广大读者朋友们通过邮件、电话的方式向我们反馈了阅读本书之后的体会，认为这是一本实实在在对他们有用的书。

读到这些读者来信，我们倍感欣慰，因为服务读者，为读者解决问题，正是我们编写这本书的初衷。针对广大读者特别关心的医疗保险、养老保险、住房公积金等问题，我们特别增加了一章"社会保险——劳动合同中的保障问题"，推出了第二版。

在前两版广受好评的基础上，作者结合最新的法律政策和社会热点，及时对全书进行了梳理和更新，增加了拒不支付劳动报酬、竞业限制协议、劳务派遣、技能提升补贴等方面的内容，推出了第三版、第四版和第五版。

结合当前社会热点问题以及新的《最高人民法院关于审理劳动争议案件适用法律问题的解释（一）》，我们适时推出了最新的第六版。

希望这个最新版本能给读者朋友带来更大的帮助，更恳请读者朋友批评、指正，以期本书在下次修订时能更完善、更实用。谢谢！

目录
CONTENTS

第一章 劳动合同的订立——怎样订立劳动合同

◎应聘人员有权向用人单位了解哪些事项？ ………………… 1
◎用人单位能扣押劳动者的身份证吗？ ……………………… 2
◎公司可以用就业协议代替劳动合同吗？ …………………… 3
◎没有签订劳动合同，劳动关系成立吗？ …………………… 5
◎未订立书面劳动合同且对劳动报酬约定不明怎么办？ …… 7
◎劳动者到新单位后，什么时候签订劳动合同？ …………… 8
◎什么是无固定期限劳动合同？通常什么情况下可以签订？ … 9
◎用人单位能任意与劳动者约定违约金吗？ ………………… 11
◎计件工作也能签订劳动合同吗？ …………………………… 12
◎到分店工作应该与总部签订劳动合同吗？ ………………… 14
◎劳动者拒绝签订劳动合同的，用人单位怎么办？ ………… 15
◎可以在劳动合同中约定当劳动者绩效不佳时劳动合同
　终止吗？ ……………………………………………………… 16
◎劳动者与两家以上用人单位签订劳动合同，违反法律
　规定吗？ ……………………………………………………… 18

第二章　试用期与服务期——劳动合同中的两个重要问题

◎试用期包含在劳动合同期限内吗？……………………………… 20
◎新技工培训期长，可以将试用期设定为一年吗？……………… 21
◎试用期内企业与劳动者签订试用合同还是劳动合同？………… 22
◎试用期可以归零，从头再来吗？………………………………… 24
◎以完成一定工作任务为期限的劳动合同，可以约定试
　用期吗？…………………………………………………………… 25
◎试用期可以约定零工资吗？……………………………………… 26
◎兼职工作可以约定试用期吗？…………………………………… 27
◎公司对劳动者进行技术培训的费用包括哪些？………………… 28
◎劳动合同先于服务期期满的，怎么办？………………………… 30
◎服务期未满，提前解除劳动合同的，需要支付违约金吗？…… 32
◎服务期内，因劳动者严重失职而解除劳动合同的，劳动
　者应否支付违约金？……………………………………………… 33

第三章　劳动合同的效力——什么样的劳动合同才有效

◎什么样的劳动合同是无效的？…………………………………… 35
◎所有的劳动者都要与用人单位签订竞业限制协议吗？………… 36
◎劳动合同到期没续签但仍然工作的，怎么算？………………… 37
◎劳动合同中"发生伤亡事故概不负责"的条款有效吗？……… 39
◎劳动合同无效，已付出劳动的劳动者还能拿到工资吗？……… 40
◎想要确认劳动合同是否有效，该去哪里？……………………… 41
◎劳动合同条款部分无效的，影响其他条款吗？………………… 43

◎使用虚假身份证和姓名与用人单位签订的劳动合同有
效吗？……………………………………………………… 44
◎用人单位与其他单位合并，原劳动合同是否继续有效？……… 45

第四章　劳务派遣——一种特别的劳动合同

◎劳务派遣公司可以向劳动者收取费用吗？………………… 47
◎劳务派遣合同可以一年一签吗？…………………………… 48
◎在一个派遣期可以订立多个派遣协议吗？………………… 50
◎劳务派遣，工资由谁支付？………………………………… 51
◎劳务派遣中的加班费和奖金应该由谁支付？……………… 53
◎被派遣人员的社保由谁来办理和缴纳？…………………… 54
◎被派遣人员可以单方解除劳动合同吗？…………………… 55
◎派遣单位可以与不胜任本职工作的被派遣人员解除劳动合同吗？… 57
◎被派遣人员发生工伤的，由谁来负责？…………………… 59
◎被派遣人员的离职证明，应该由谁来开？………………… 60

第五章　社会保险——劳动合同中的保障问题

◎对于基本养老保险，职工可以拒绝参加吗？……………… 62
◎公司一直不上社保，过后还能补缴吗？…………………… 63
◎因工受伤后，工伤保险和医疗保险可以一起报吗？……… 65
◎单位没有给职工缴纳基本医疗保险费，那么职工该怎样
报销患病的医疗费呢？……………………………………… 66
◎公司还需要为因工伤退出工作岗位的员工缴纳基本医疗
保险费吗？…………………………………………………… 68

◎职工发生工伤事故，公司却没有为其上工伤保险，可以
　要求公司赔偿医疗费吗？ ………………………………… 69
◎职工不接受劳动能力鉴定，其享受的工伤待遇会被停止
　吗？停止后能恢复吗？ …………………………………… 71
◎用人单位不承认职工工伤，由谁负证明责任？ ………… 72
◎可以从员工的工资里扣除工伤保险费吗？ ……………… 74
◎没有劳动合同，是否还能认定为工伤？ ………………… 75
◎申报工伤有期限规定吗？ ………………………………… 76
◎所有的失业人员都可以领取失业保险金吗？ …………… 78
◎可以领取失业保险金的期限是多久？ …………………… 79
◎职工主动辞职，还能领取到失业保险金吗？ …………… 81
◎男性也享有生育保险吗？ ………………………………… 82

第六章　劳动合同的履行与变更——劳动合同需要履行，也能变化

◎口头变更的劳动合同就当然无效吗？ …………………… 84
◎用人单位可因劳动者拒绝加班而扣发工资吗？ ………… 85
◎非全日制用工每天都要工作吗？ ………………………… 87
◎非全日制用工的薪酬是如何计算的？ …………………… 88
◎企业与职工在劳动合同中约定加班，合法吗？ ………… 89
◎被原公司领导安排到其他公司工作的，如何计算工作
　年限？ ……………………………………………………… 91
◎公司注册地与实际工作地不一致的，工资应该参照哪
　个地区的标准？ …………………………………………… 92
◎劳动者开始领养老保险后，劳动合同还有用吗？ ……… 93
◎公司领导换了，就无须履行以前的劳动合同了吗？ …… 94

◎公司在劳动合同期内可以变更劳动合同？……………………95
◎用人单位可以强行调换劳动者的工作岗位吗？………………97

第七章 劳动合同的解除——劳动合同怎样解除是合法的

◎劳动者在什么情况下可以解除劳动合同？……………………99
◎对拒绝接受工作安排的患病劳动者，可以解聘吗？…………100
◎怀孕是女职工劳动合同的"保护伞"吗？……………………102
◎员工利用公司秘密牟取私利，可能承担什么样的法律
　责任？……………………………………………………………104
◎公司自己的员工被其他公司"挖"去，可以怎么办？………106
◎因工资逐月减少，劳动者可以单方解除劳动合同吗？………107
◎劳动者可以不事先通知用人单位，随时解除劳动合同吗？…109
◎劳动者被判刑，用人单位解除劳动合同时要支付赔偿
　金吗？……………………………………………………………111
◎运营困难的企业可以大规模裁员吗？…………………………112
◎企业可以辞退即将退休的老员工吗？…………………………114
◎单位能拒绝给员工开劳动合同解除证明吗？…………………116
◎在哪些情况下，用人单位可以使用解除劳动合同代通
　知金？……………………………………………………………117
◎竞业限制的人员离职后，单位需要支付经济补偿吗？………119
◎单位主动要求解除竞业限制协议的，劳动者可以要求
　补偿吗？…………………………………………………………121
◎劳动者违反劳动合同中的竞业限制约定要支付违约金吗？…122
◎劳动者因违反竞业限制承担违约责任后，单位还可以
　要求其继续履行竞业限制义务吗？……………………………124
◎用人单位对劳动者的经济补偿应该怎么算？…………………125

◎以完成一定工作任务为期限的劳动合同终止后，劳动
　者可以要求经济补偿吗？ ·················· 127
◎劳动者从单位获得的经济补偿中的"月工资"包括哪些？ ······ 128
◎用人单位违法解除劳动合同的，应该支付多少赔偿金？ ······ 129
◎劳动者被违法解雇时，可以同时要求补偿金和赔偿金吗？ ······ 131

第八章　劳动合同示范文本——拿来即用的合同书

◎固定期限劳动合同模板 ························· 134
◎劳务合同模版 ································· 139
◎仲裁申请书模板 ······························· 142
◎30项劳动仲裁请求 ····························· 143

附录法规

中华人民共和国劳动合同法 ······················· 145
　　（2012年12月28日）
中华人民共和国劳动合同法实施条例 ··············· 160
　　（2008年9月18日）
中华人民共和国劳动法 ··························· 165
　　（2018年12月29日）
工伤保险条例 ··································· 175
　　（2010年12月20日）
最高人民法院关于审理劳动争议案件适用法律问题的
　解释（一） ·································· 186
　　（2020年12月25日）
中华人民共和国劳动争议调解仲裁法 ··············· 194
　　（2007年12月29日）

第一章 劳动合同的订立——怎样订立劳动合同

应聘人员有权向用人单位了解哪些事项？

现实困惑

白某是一名大学应届毕业生，缺乏求职择业的经验。他到一家从事网络教育的公司应聘时，在未深入了解的情况下，与该公司订立了劳动合同。劳动合同签订以后，白某才得知工作内容、劳动报酬等细节。他对劳动合同中规定的一些条件不满意，但又不想失去这份工作机会，便说服自己予以接受。劳动者到用人单位应聘时，有权了解哪些事项？

律师答疑

《劳动合同法》第八条明确规定，用人单位与劳动者之间负互相有告知义务。用人单位要如实地将工作内容、工作条件、工作地点、职业危害、安全生产状况、劳动报酬，以及劳动者要求了解的其他情况告诉劳动者；同样，劳动者也不能隐瞒学历、技能等相关个人信息。这是为了让劳动者和用人单位在签订劳动合同前能够更了解对方，以避免劳动纠纷的产生。

法条链接

《中华人民共和国劳动合同法》

第八条 用人单位招用劳动者时，应当如实告知劳动者工作内容、工作条件、工作地点、职业危害、安全生产状况、劳动报酬，以及劳动者要求了解的其他情况；用人单位有权了解劳动者与劳动合同直接相关的基本情况，劳动者应当如实说明。

法理荟萃

所谓如实告知义务，是指在用人单位招用劳动者时，用人单位与劳动者应将双方的基本情况，如实向对方说明的义务。告知应当以一种合理并且适当的方式进行，能够让对方及时知道和了解。

用人单位能扣押劳动者的身份证吗？

现实困惑

刘某到一家广告公司应聘时，招聘工作的负责人要求刘某填写表格，用来备案。表格填完之后，该负责人以办理相关手续为由，向刘某索要身份证件。刘某遂将证件交出。该负责人告诉刘某，在手续办完之前，需要暂时扣押他的身份证。用人单位可以扣押求职人的身份证吗？

律师答疑

无论在任何情况下，用人单位都不能以任何理由扣押劳动者的身份证及其他证件。扣押身份证违反了《劳动合同法》第九条的规定，要受到相应的行政处罚。如果用人单位因扣押证件给劳动者造成了实际的经济损失，还要依法承担赔偿责任。

法条链接

《中华人民共和国劳动合同法》

第九条　用人单位招用劳动者，不得扣押劳动者的居民身份证和其他证件，不得要求劳动者提供担保或者以其他名义向劳动者收取财物。

第八十四条 用人单位违反本法规定，扣押劳动者居民身份证等证件的，由劳动行政部门责令限期退还劳动者本人，并依照有关法律规定给予处罚。

用人单位违反本法规定，以担保或者其他名义向劳动者收取财物的，由劳动行政部门责令限期退还劳动者本人，并以每人五百元以上二千元以下的标准处以罚款；给劳动者造成损害的，应当承担赔偿责任。

劳动者依法解除或者终止劳动合同，用人单位扣押劳动者档案或者其他物品的，依照前款规定处罚。

法理荟萃

用人单位通过扣押劳动者的居民身份证或者其他证件，如居住证、资格证书或其他证明个人身份的证件等，以达到掌控劳动者的目的，这种作法是法律明确禁止的。

公司可以用就业协议代替劳动合同吗？

现实困惑

某生产厂与某技术培训学校签订合作协议，学校向生产厂输送毕业生二十人。生产厂、培训学校与学生三方签订了就业协议，并由生产厂接纳学生到厂实习。经过近三个月的实习，这些学生被证明符合录用标准，厂总经理决定留用他们。当学生们提出签订劳动合同时，该厂总经理指出，生产厂与学生们有就业协议，协议中已经对双方的权利义务作出了规定，没有必要再签订劳动合同。用人单位可以用就业协议代替劳动合同吗？

律师答疑

就业协议是毕业生在校时，由学校参与见证的，与用人单位协商签订的，是编制毕业生就业计划方案和毕业生派遣的依据，内容主要是毕业生如实介绍自身情况，并表示愿意到用人单位就业、用人单位表示愿意接收毕业生，学校同意推荐毕业生并列入就业计划进行派遣。就业协议是毕业生和用人单位关于将来就业意向的初步约定，表明了对于双方的基本条件以及即将签订劳动合同的部分基本内容的大体认可。并经用人单位的上级主管部门和高校就业部门同意和见证，一经毕业生、用人单位、高校、用人单位主管部门签字盖章，即具有一定的法律效力，是编制毕业生就业计划和将来可能发生违约情况时的判断依据。劳动合同则是毕业生与用人单位明确劳动关系中权利义务关系的协议，是毕业生从事何种岗位、享受何种待遇等权利和义务的依据。

由此可见，劳动合同的内容涉及劳动报酬、劳动保护、工作内容、劳动纪律等方方面面，对劳动权利义务的规定更为明确具体。一般来说就业协议签订在前，劳动合同订立在后，如果毕业生与用人单位就工资待遇、住房等有事先约定，亦可在就业协议备注条款中予以注明，日后订立劳动合同对此内容应予认可。根据《劳动合同法》第十条的规定，已建立劳动关系，未同时订立书面劳动合同的，应当自用工之日起一个月内订立书面劳动合同。本案中，该厂领导应该认真区分就业协议和就业合同的区别，就学生的工作情况与其签订合法的劳动合同，以真实有效的劳动合同代替先前的就业协议。若未与就业学生订立劳动合同，该用人单位将须承担具体的法律责任。

法条链接

《中华人民共和国劳动合同法》

第七条 用人单位自用工之日起即与劳动者建立劳动关系。用人单位应当建立职工名册备查。

第十条 建立劳动关系，应当订立书面劳动合同。

已建立劳动关系，未同时订立书面劳动合同的，应当自用工之日起一个月内订立书面劳动合同。

用人单位与劳动者在用工前订立劳动合同的，劳动关系自用工之日起建立。

法理荟萃

劳动合同是劳动者和用人单位合法权益的保障依据。劳动合同与就业协议是有区别的,用人单位与劳动者如要建立劳动关系,应当订立书面劳动合同。

没有签订劳动合同,劳动关系成立吗?

现实困惑

武某大学毕业后应聘至一家私营公司,由于公司规模较小,只有几个员工,老板张某便没有与员工签订劳动合同。后来武某欲跳槽到另一家公司,张某不给武某结算工资及奖金,并声称"反正我们之间没有劳动合同,你拿我没办法"。武某真的拿这家公司没有办法吗?

律师答疑

实践中,用人单位不与聘用的劳动者订立劳动合同的现象时有发生,致使发生争议时,劳动者的合法权益难以维护。根据《劳动合同法》第十条的规定,劳动关系自用人单位用工之日起建立,已建立劳动关系,未同时订立书面劳动合同的,应当自用工之日起一个月内订立书面劳动合同。如果用人单位招用劳动者未订立劳动合同,但劳动者只要能出示工资支付凭证、缴纳社会保险费的记录、用人单位发放的工作证和服务证、劳动者填写的用人单位招聘登记表和报名表以及考勤的记录等,就可以证明双方劳动关系的存在。只要劳动者能证明劳动关系的存在,即使没有书面劳动合同,同样可以向公司索要劳动报酬。并且,根据《劳动合同法》第八十二条第一款的规定,如果用人单位不与劳动者签订劳动合同,自劳动者进入公司超过一个月不满一年这段时间,应当向劳动者每月支付二倍的工资。

 法条链接

《中华人民共和国劳动合同法》

第十条 建立劳动关系，应当订立书面劳动合同。

已建立劳动关系，未同时订立书面劳动合同的，应当自用工之日起一个月内订立书面劳动合同。

用人单位与劳动者在用工前订立劳动合同的，劳动关系自用工之日起建立。

第八十二条第一款 用人单位自用工之日起超过一个月不满一年未与劳动者订立书面劳动合同的，应当向劳动者每月支付二倍的工资。

《劳动部关于贯彻执行〈中华人民共和国劳动法〉若干问题的意见》

17. 用人单位与劳动者之间形成了事实劳动关系，而用人单位故意拖延不订立劳动合同，劳动行政部门应予以纠正。用人单位因此给劳动者造成损害的，应按劳动部《违反〈劳动法〉有关劳动合同规定的赔偿办法》（劳部发〔1995〕223号）的规定进行赔偿。

《违反〈劳动法〉有关劳动合同规定的赔偿办法》

第二条 用人单位有下列情形之一，对劳动者造成损害的，应赔偿劳动者损失：

（一）用人单位故意拖延不订立劳动合同，即招用后故意不按规定订立劳动合同以及劳动合同到期后故意不及时续订劳动合同的；

（二）由于用人单位的原因订立无效劳动合同，或订立部分无效劳动合同的；

……

法理荟萃

法律依法保护劳动者的合法权益，用人单位应及时与劳动者签订劳动合同，否则，要在用工的第二个月之后向劳动者支付二倍工资。对于不订立劳动合同的，劳动行政部门会给予纠正，给劳动者造成损害的，用人单位应承担相应责任。

未订立书面劳动合同且对劳动报酬约定不明怎么办？

现实困惑

钱某应聘至某公司工作，老板承诺根据钱某的工作内容及工作量发放工资，但是没有明确地约定工资、奖金及各项补助的发放规则。钱某正式上班很长时间后，都不知道自己的职位与具体的工作内容，只是一味地做些打杂的工作，每个月工资也或多或少，全凭老板一个人说了算。这种情况要如何处理？

律师答疑

根据《劳动合同法》第十八条的规定，用人单位未在用工的同时订立书面劳动合同，与劳动者约定的劳动报酬不明确的，新招用的劳动者的劳动报酬按照集体合同规定的标准执行；没有集体合同或者集体合同未规定的，实行同工同酬。具体到本案，如果公司与员工签有集体合同，则钱某的报酬等事宜可按集体合同的标准执行；如果公司未与员工签订集体合同，则实行同工同酬，即与公司内从事相同劳动、付出等量劳动且取得劳动成绩的劳动者，获得同等的劳动报酬。

法条链接

《中华人民共和国劳动合同法》

第十八条 劳动合同对劳动报酬和劳动条件等标准约定不明确，引发争议的，用人单位与劳动者可以重新协商；协商不成的，适用集体合同规定；没有集体合同或者集体合同未规定劳动报酬的，实行同工同酬；没有集体合同或者集体合同未规定劳动条件等标准的，适用国家有关规定。

第五十五条 集体合同中劳动报酬和劳动条件等标准不得低于当地人民

政府规定的最低标准；用人单位与劳动者订立的劳动合同中劳动报酬和劳动条件等标准不得低于集体合同规定的标准。

《中华人民共和国劳动法》

第四十八条第二款 用人单位支付劳动者工资不得低于当地最低工资标准。

法理荟萃

劳动合同是保护劳动者合法权益的保障，用人单位未与劳动者签订劳动合同的情况下，适用集体合同的规定；没有集体合同或者集体合同未规定劳动报酬的，实行同工同酬。

劳动者到新单位后，什么时候签订劳动合同？

现实困惑

刘某在某公司的试用期已经结束，但公司迟迟不与他签订劳动合同。刘某不熟悉法律，也不知道是否现在就应当与公司签订劳动合同。刘某要什么时候与公司签订劳动合同呢？

律师答疑

用人单位自用工之日起即与劳动者建立劳动关系。建立劳动关系的同时，应该签订劳动合同，即使当时没有签订，也应该在一个月以内签订。因此，本案中，刘某自到该公司正式工作之日起即可与公司签订劳动合同，若当时未签劳动合同，刘某可以要求公司在用工之日起一个月内签订劳动合同。若公司自聘用他之日起，超过一个月不满一年未与他订立劳动合同，应当向他每月支付二倍的工资。

法条链接

《中华人民共和国劳动合同法》

第七条 用人单位自用工之日起即与劳动者建立劳动关系。用人单位应当建立职工名册备查。

第十条 建立劳动关系,应当订立书面劳动合同。

已建立劳动关系,未同时订立书面劳动合同的,应当自用工之日起一个月内订立书面劳动合同。

用人单位与劳动者在用工前订立劳动合同的,劳动关系自用工之日起建立。

第八十二条第一款 用人单位自用工之日起超过一个月不满一年未与劳动者订立书面劳动合同的,应当向劳动者每月支付二倍的工资。

《中华人民共和国劳动法》

第十六条 劳动合同是劳动者与用人单位确立劳动关系、明确双方权利和义务的协议。

建立劳动关系应当订立劳动合同。

法理荟萃

劳动关系从用工之日起确立,为保护劳动者的合法权益,法律规定用人单位有与劳动者订立书面劳动合同的义务。如果用人单位不履行义务,用人单位应承担不利的法律后果。

什么是无固定期限劳动合同?通常什么情况下可以签订?

现实困惑

刘某在某企业已经工作6年了。在这期间,刘某先后两次与企业签订了劳动合同,每次合同期间为3年。如今,劳动合同再一次面临到期,那么这次刘某可以与企业签订无固定期限劳动合同吗?

刘某可以与企业订立无固定期限劳动合同。《劳动合同法》第十四条明确规定了，连续订立二次固定期限劳动合同，且劳动者没有本法第三十九条和第四十条第一项、第二项规定的情形，续订劳动合同时，除劳动者提出订立固定期限劳动合同外，应当订立无固定期限劳动合同。

《中华人民共和国劳动合同法》

第十四条 无固定期限劳动合同，是指用人单位与劳动者约定无确定终止时间的劳动合同。用人单位与劳动者协商一致，可以订立无固定期限劳动合同。有下列情形之一，劳动者提出或者同意续订、订立劳动合同的，除劳动者提出订立固定期限劳动合同外，应当订立无固定期限劳动合同：

（一）劳动者在该用人单位连续工作满十年的；

（二）用人单位初次实行劳动合同制度或者国有企业改制重新订立劳动合同时，劳动者在该用人单位连续工作满十年且距法定退休年龄不足十年的；

（三）连续订立二次固定期限劳动合同，且劳动者没有本法第三十九条和第四十条第一项、第二项规定的情形①，续订劳动合同的。

---

① 第三十九条 劳动者有下列情形之一的，用人单位可以解除劳动合同：
（一）在试用期间被证明不符合录用条件的；
（二）严重违反用人单位的规章制度的；
（三）严重失职，营私舞弊，给用人单位造成重大损害的；
（四）劳动者同时与其他用人单位建立劳动关系，对完成本单位的工作任务造成严重影响，或者经用人单位提出，拒不改正的；
（五）因本法第二十六条第一款第一项规定的情形致使劳动合同无效的；
（六）被依法追究刑事责任的。
第四十条第一项、第二项 有下列情形之一的，用人单位提前三十日以书面形式通知劳动者本人或者额外支付劳动者一个月工资后，可以解除劳动合同：
（一）劳动者患病或者非因工负伤，在规定的医疗期满后不能从事原工作，也不能从事由用人单位另行安排的工作的；
（二）劳动者不能胜任工作，经过培训或者调整工作岗位，仍不能胜任工作的；

用人单位自用工之日起满一年不与劳动者订立书面劳动合同的，视为用人单位与劳动者已订立无固定期限劳动合同。

法理荟萃

无固定期限合同是指用人单位与劳动者约定的无确定终止时间的劳动合同。法律对于无固定劳动合同的订立情形有着明确的规定，特别是用人单位应严格遵守。

用人单位能任意与劳动者约定违约金吗？

现实困惑

叶某在与一家公司就劳动合同内容协商时，约定了这样的条款：叶某在合同履行期间，若出现违约行为，依照本协议，应无条件支付违约金10万元。用人单位能任意与劳动者约定违约金吗？

律师答疑

除法律规定的特定情况外，用人单位不得与劳动者约定由劳动者承担违约金。这在《劳动合同法》第二十五条中有明确规定，该条是旨在维护劳动者利益的保护条款。

法条链接

《中华人民共和国劳动合同法》

第二十二条　用人单位为劳动者提供专项培训费用，对其进行专业技术培训的，可以与该劳动者订立协议，约定服务期。

劳动者违反服务期约定的，应当按照约定向用人单位支付违约金。违约金的数额不得超过用人单位提供的培训费用。用人单位要求劳动者支付的违约金不得超过服务期尚未履行部分所应分摊的培训费用。

用人单位与劳动者约定服务期的，不影响按照正常的工资调整机制提高劳动者在服务期期间的劳动报酬。

第二十三条 用人单位与劳动者可以在劳动合同中约定保守用人单位的商业秘密和与知识产权相关的保密事项。

对负有保密义务的劳动者，用人单位可以在劳动合同或者保密协议中与劳动者约定竞业限制条款，并约定在解除或者终止劳动合同后，在竞业限制期限内按月给予劳动者经济补偿。劳动者违反竞业限制约定的，应当按照约定向用人单位支付违约金。

第二十五条 除本法第二十二条和第二十三条规定的情形外，用人单位不得与劳动者约定由劳动者承担违约金。

法理荟萃

用人单位不得随意与劳动者约定违约金，只有在法定的情形下，才可以与劳动者约定违约金。这是为防止用人单位滥用违约金侵害劳动者的合法权益。

计件工作也能签订劳动合同吗？

现实困惑

小梅到深圳的一个玩具生产制造厂打工。入职前，老板告诉小梅工资结算是按合格制作成一件玩具计算的，也就是实行计件工资。该工厂的主要业务就是承接各种订货商的玩具制作订单，所以工作以订单数量为标准。有可能某段时间内工厂没有订单，就会裁员或者员工会辞职，因此导致工作的流动性比较大。小梅想跟该厂签订劳动合同，以保护其在该厂工作期间的正当权益。但是老板称，由于该厂的工作是计件性质的，流动性比较大，并不能确定员工在此工作的时长，所以没有办法与员工签订劳动合同。那么，在法律上小梅可以与该厂签订劳动合同吗？

律师答疑

本案中，小梅所在工厂是以订单量来决定工作时长的，工作性质是计件制，不是常规性比较稳定的工作，没有固定的劳动期限。根据《劳动合同法》第十二条和第十五条的规定，劳动合同分为固定期限劳动合同、无固定期限劳动合同和以完成一定工作任务为期限的劳动合同；以完成一定工作任务为期限的劳动合同，是指用人单位与劳动者约定以某项工作的完成为合同期限的劳动合同。因此，小梅可以在接手一个订单的制作工作前和工厂签订针对这一项工作的劳动合同，以保障小梅在此段工作时间内的合法利益；同时，签订劳动合同也可以让工厂在此项任务执行中没有后顾之忧，不用担心员工会中途离职等问题的出现，这也就保护了该厂的利益。所以，针对计件工作，用人单位与劳动者协商一致，可以订立以完成一定工作任务为期限的劳动合同。

法条链接

《中华人民共和国劳动合同法》

第十二条 劳动合同分为固定期限劳动合同、无固定期限劳动合同和以完成一定工作任务为期限的劳动合同。

第十五条 以完成一定工作任务为期限的劳动合同，是指用人单位与劳动者约定以某项工作的完成为合同期限的劳动合同。

用人单位与劳动者协商一致，可以订立以完成一定工作任务为期限的劳动合同。

法理荟萃

针对无固定劳动期限的工作，用人单位和劳动者应该协商一致，可以订立以完成一定工作任务为期限的劳动合同，以保障劳动者和用人单位在工作期间的正当利益。

到分店工作应该与总部签订劳动合同吗？

现实困惑

许某向某有限责任公司投递自己的简历，并通过了面试。他被告知在该公司的某分公司参加工作。该分公司在营业地有营业执照。许某在分公司工作需要与该有限责任公司签订劳动合同吗？

律师答疑

根据《劳动合同法实施条例》第四条的规定，依法取得营业执照或者登记证书的分支机构具有用工主体资格，可以作为用人单位与劳动者订立劳动合同，可以直接作为劳动合同中的用人单位一方。未依法取得营业执照或者登记证书的分支机构，只能受用人单位委托与劳动者订立劳动合同，即劳动合同中的用人单位只能是设立该分支机构的单位，不能将分支机构直接列为用人单位。许某参加工作的分公司已依法取得营业执照，可以由许某直接与该分公司订立劳动合同。

法条链接

《中华人民共和国劳动合同法实施条例》

第四条 劳动合同法规定的用人单位设立的分支机构，依法取得营业执照或者登记证书的，可以作为用人单位与劳动者订立劳动合同；未依法取得营业执照或者登记证书的，受用人单位委托可以与劳动者订立劳动合同。

法理荟萃

依法取得营业执照或者登记证书的分支机构是指合法成立、有一定的组织机构和财产，但又不具备法人资格的组织。

劳动者拒绝签订劳动合同的，用人单位怎么办？

现实困惑

王明是一个软件设计师，在某公司负责设计开发工作。根据《劳动合同法》规定，用人单位应在用工之日起一个月内签订书面的劳动合同，如果不签订书面合同，将承担双倍工资等不利后果。该公司通知王明签订书面劳动合同，但是王明有自己的考量，因为工作性质的特殊，他不想签订劳动合同将自己束缚，因此一直拒绝签订。用人单位能够采取什么措施避免自己承担不利后果？

律师答疑

对于拒不签订劳动合同的劳动者，《劳动合同法实施条例》第五条给了用人单位一个终止劳动关系的权利。当然，这里用人单位需举证证明已经书面通知劳动者签订合同，而劳动者拒不签订书面劳动合同。因此，用人单位应当具有证据意识，在书面通知送达时应当有劳动者的签收证据或其他可证明已经向劳动者送达书面通知的证据。

法条链接

《中华人民共和国劳动合同法实施条例》

第五条 自用工之日起一个月内，经用人单位书面通知后，劳动者不与用人单位订立书面劳动合同的，用人单位应当书面通知劳动者终止劳动关系，无需向劳动者支付经济补偿，但是应当依法向劳动者支付其实际工作时间的劳动报酬。

法理荟萃

用人单位应当与劳动者订立书面的劳动合同，这是用人单位的法定义务，如果不履行，用人单位将承担不利的法律后果。但是签订书面劳动合同需要劳动者的配合，如果劳动者因自身原因不签订书面劳动合同的，法律赋予用人单位终止劳动关系的权利。

可以在劳动合同中约定当劳动者绩效不佳时劳动合同终止吗？

现实困惑

某公司招聘业务人员，王某参加了该公司的面试。最终该公司决定聘用王某，与王某签订了劳动合同。该劳动合同的期限是三年，到期后可以续签。但是劳动合同中有一条约定："当劳动者绩效不佳时劳动合同终止。"该公司可以约定劳动合同终止的条件是绩效不佳吗？

律师答疑

该公司在劳动合同中约定："当劳动者绩效不佳时劳动合同终止。"这一合同条款是违反法律规定的，该条款的约定无效。《劳动合同法》第四十四条规定了劳动合同终止的六种情形。其中，劳动合同终止的约定条件主要是合同期满的情形，而法定条件主要是劳动者和用人单位主体资格的消灭。

《劳动合同法实施条例》第十三条规定："用人单位与劳动者不得在劳动合同法第四十四条规定的劳动合同终止情形之外约定其他的劳动合同终止条件。"劳动合同终止的情形是法定的，某公司不得与王某在劳动合同中约定法定情形之外的劳动合同终止情形。

《中华人民共和国劳动合同法实施条例》

第十三条　用人单位与劳动者不得在劳动合同法第四十四条规定的劳动合同终止情形之外约定其他的劳动合同终止条件。

《中华人民共和国劳动合同法》

第四十四条　有下列情形之一的，劳动合同终止：

（一）劳动合同期满的；

（二）劳动者开始依法享受基本养老保险待遇的；

（三）劳动者死亡，或者被人民法院宣告死亡或者宣告失踪的；

（四）用人单位被依法宣告破产的；

（五）用人单位被吊销营业执照、责令关闭、撤销或者用人单位决定提前解散的；

（六）法律、行政法规规定的其他情形。

所谓劳动合同终止是指劳动合同的法律效力依法被消灭，即劳动关系由于一定法律事实的出现而终结，劳动者与用人单位之间原有的权利义务不再存在。劳动合同的终止与劳动合同的解除是不同的法律关系。

劳动者与两家以上用人单位签订劳动合同，违反法律规定吗？

现实困惑

孙某在网上看到一家酒店在招聘前台，便投了简历。不久后，孙某收到了该酒店的面试通知，经面试被录取。孙某在酒店工作的时间是早上8点到下午5点，每月工资4500元。为了能多赚点钱，孙某决定再做一份工作。于是孙某找了一家课后辅导机构，每天晚上给学生辅导作业，时间晚上6点到9点，并与辅导机构签订了劳动合同。那么，孙某与两家用人单位签订劳动合同违反法律规定吗？

律师答疑

我国法律并未明确规定劳动者同时与两个以上用人单位签订劳动合同属于违法行为。根据《劳动合同法》第三十九条规定的内容可知，劳动者与两家以上用人单位建立劳动关系的，兼职的工作不能影响其主要的劳动合同的工作，若劳动者因兼职而耽误了主要工作，用人单位是可以向劳动者提出改正要求的。若劳动者拒不改正，那么用人单位可以依法与劳动者解除劳动合同，并且不支付经济补偿金。

此外，在非全日制用工中，劳动者是否可以同时与两家以上用人单位签订劳动合同呢？对此，我国《劳动合同法》第六十九条规定："非全日制用工双方当事人可以订立口头协议。从事非全日制用工的劳动者可以与一个或者一个以上用人单位订立劳动合同；但是，后订立的劳动合同不得影响先订立的劳动合同的履行。"也就是说，在非全日制用工中，我国法律也是允许劳动者同时与两家以上用人单位订立劳动合同的，但是后订立的劳动合同不能对先订立的劳动合同造成不利影响。劳动者在非全日制用工中工作时间比较自由，可以利用富余的时间多做一些工作，但是劳动者需要处理好多个劳动合同之间的关系，避免产生工作上的冲突。

法条链接

《中华人民共和国劳动合同法》

第三十九条 劳动者有下列情形之一的，用人单位可以解除劳动合同：

……

（四）劳动者同时与其他用人单位建立劳动关系，对完成本单位的工作任务造成严重影响，或者经用人单位提出，拒不改正的；

……

第六十九条 非全日制用工双方当事人可以订立口头协议。

从事非全日制用工的劳动者可以与一个或者一个以上用人单位订立劳动合同；但是，后订立的劳动合同不得影响先订立的劳动合同的履行。

法理荟萃

我国《劳动合同法》虽然并未禁止劳动者同时与两家以上用人单位签订劳动合同，但是对劳动者签订多个劳动合同做出了约束，即劳动者在兼职时不能对完成本单位的工作任务造成严重影响，否则用人单位可依法与劳动者解除劳动合同。非全日制用工同样适用，即后订立的劳动合同不得影响先订立的劳动合同的履行。

第二章 试用期与服务期
——劳动合同中的两个重要问题

试用期包含在劳动合同期限内吗？

现实困惑

申某在与一家公司签订劳动合同时，双方约定了工作内容、薪酬待遇等，同时也约定了3个月的试用期。申某针对试用期是否包含在劳动合同期限内这一问题向律师咨询。试用期究竟是否包含在劳动合同期限内？

律师答疑

根据《劳动合同法》第十九条的规定，试用期包含在劳动合同期限内，并应当根据劳动合同期限的长短确定试用期的长短。在试用期内，劳动者和用人单位要依据劳动法规、劳动合同的约定履行相关义务和享有相关权利。如果用人单位在与劳动者订立劳动合同时，将试用期期限排除在劳动合同期限之外，或者试用期结束后才签订劳动合同，甚至单独作一个试用期合同，都是违法的，属于无效。

法条链接

《中华人民共和国劳动合同法》

第十九条第四款 试用期包含在劳动合同期限内。劳动合同仅约定试用期的，试用期不成立，该期限为劳动合同期限。

法理荟萃

用人单位与劳动者可以约定试用期，但是试用期的长短要遵守法律规定的限制。且试用期的期限包含在劳动合同期限内。

新技工培训期长，可以将试用期设定为一年吗？

现实困惑

某公司招聘技工两名。考虑到技工从事的工作比较特殊，要经过老师傅长时间的培训和指导，该公司在招聘启事中申明，因技工工作性质特殊，其试用期设定为一年。前三个月试用期间按正式职工薪酬的80%计算薪酬，以后的试用期按正式职工标准计算薪酬。很多人看到这一启事，都想到该公司应聘，但是认为将试用期设定为一年太长，自己的权益得不到保障。该公司的将试用期设定为一年的做法合法吗？

律师答疑

试用期是指用人单位和劳动者双方相互了解、确定对方是否符合自己的招聘条件或求职条件而约定的考察期。对用人单位而言，试用期就是供用人单位考察劳动者是否适合其工作岗位的一项制度。对劳动者而言，在劳动合同中约定试用期，可以维护新招收职工的利益，使被录用的职工有时间考察了解用人单位的工作内容、劳动条件、劳动报酬等是否符合劳动合同的约定。在签订劳动合同时，可以约定试用期，但试用期的长短要符合法律的规定。《劳动法》第二十一条规定，试用期最长不得超过六个月。《劳动合同法》第十九条又进一步进行了规定，劳动合同期限三个月以上不满一年的，试用期不得超过一个月；劳动合同期限一年以上不满三年的，试用期不得超过二个月；三年以上固定期限和无固定期限的劳动合同，试用期不得超过六个月。

本案中，公司将试用期设定为一年，完全不符合法律的规定，而应当根据自己的具体情况设定合法合理的试用期，不能因技工工作性质特殊就违法约定试用期。

法条链接

《中华人民共和国劳动合同法》

第十九条 劳动合同期限三个月以上不满一年的，试用期不得超过一个月；劳动合同期限一年以上不满三年的，试用期不得超过二个月；三年以上固定期限和无固定期限的劳动合同，试用期不得超过六个月。

《中华人民共和国劳动法》

第二十一条 劳动合同可以约定试用期。试用期最长不得超过六个月。

法理荟萃

《劳动合同法》针对滥用试用期、试用期过长问题作出了有针对性的规定。用人单位一定要予以遵守，不可想当然地去设定试用期的期限。劳动者也要树立试用期有法定限制期限的意识，遇到不合法的试用期时，要勇敢地提出来。

试用期内企业与劳动者签订试用合同还是劳动合同？

某科技有限公司将赵某招聘到本单位，约定试用期为三个月。赵某是名牌大学毕业，且有一定的工作经验，总经理有意留用他。有人建议总经理，试用期内签订试用合同，等试用期满再签订劳动合同，这样赵某不会轻易被挖走。试用期内企业应该与劳动者签订劳动合同还是试用合同？

律师答疑

根据《劳动合同法》第十条和第十九条第四款的规定，企业不得单独签订所谓的试用合同，应当最迟在用工之日起一月内订立书面的劳动合同。劳动合同证明双方存在劳动关系，并约定了工资待遇、劳动岗位和职责、劳动条件等内容，有利于明确和维护员工和企业的权益。本案中，该科技有限公司应该在赵某进入公司工作后最迟一个月内就与其签订劳动合同。

法条链接

《中华人民共和国劳动合同法》

第十条 建立劳动关系，应当订立书面劳动合同。

已建立劳动关系，未同时订立书面劳动合同的，应当自用工之日起一个月内订立书面劳动合同。

用人单位与劳动者在用工前订立劳动合同的，劳动关系自用工之日起建立。

第十九条第四款 试用期包含在劳动合同期限内。劳动合同仅约定试用期的，试用期不成立，该期限为劳动合同期限。

《中华人民共和国劳动法》

第十六条 劳动合同是劳动者与用人单位确立劳动关系、明确双方权利和义务的协议。

建立劳动关系应当订立劳动合同。

法理荟萃

试用期包括在整个劳动合同期限里。不管试用期之后劳动者是否继续在该用人单位工作，都不允许单独签订试用期合同。

试用期可以归零，从头再来吗？

现实困惑

某电子产品商贸公司，面向社会招聘一批业务人员。陈某到该公司应聘，公司录用了她并与其约定两个月的试用期。陈某的工作表现一直很好，就在只有十天试用期期满的时候，陈某的丈夫从自家楼上摔下，腿部严重受伤，需要陈某回家照顾。陈某在家照顾其丈夫半个月后回到公司，商贸公司的总经理告知陈某，她的试用期因她休事假归零，需要重新计算。商贸公司的说法有道理吗？

律师答疑

《劳动合同法》第十九条第二款规定："用人单位与同一劳动者只能约定一次试用期。"劳动合同不论发生何种变化，均不能再次约定试用期，更不得以任何理由延长试用期限。所谓重新计算试用期，实际上是变相再次约定试用期的行为，这样的约定与法律强制性规定相悖。该电子产品商贸公司归零试用期，重新计算试用期的做法是违反法律规定的。

法条链接

《中华人民共和国劳动合同法》

第十九条第二款　同一用人单位与同一劳动者只能约定一次试用期。

法理荟萃

在试用期内，劳动者的基本情况用人单位已经基本清楚。用人单位不能反复约定试用期侵害劳动者的合法权益。

以完成一定工作任务为期限的劳动合同，可以约定试用期吗？

现实困惑

某公司招聘三名技术人员，劳动合同约定试用期两个月。劳动合同还有一补充约定，即劳动合同于三人将公司交代的具体软件设计任务完成并验收合格时自然终止。有人提出，这三人的工作只是软件设计，是以完成一定工作任务为期限的工作，不可以采用试用期。这说法有法可依吗？

律师答疑

可以肯定的是，案例中的"不可采用试用期"的说法有法可依。《劳动合同法》第十九条第三款规定："以完成一定工作任务为期限的劳动合同或者劳动合同期限不满三个月的，不得约定试用期。"以完成一定工作任务为期限的劳动合同约定的任务必须明确、具体，有任务完成的验收标准，不能笼统地做岗位描述。如软件开发任务，可以以某个软件开发任务完成作为期限，但如果只是约定软件开发，并没有明确约定某个任务，就不属于这一用工形式。案例中三人的软件设计任务明确具体，在其设计完成并验收合格时才结束，属于这一用工形式。因此，用人单位不能再与劳动者约定试用期。

法条链接

《中华人民共和国劳动合同法》

第十九条第三款　以完成一定工作任务为期限的劳动合同或者劳动合同期限不满三个月的，不得约定试用期。

法理荟萃

在签订以完成一定工作任务为期限的劳动合同时,劳动者和用人单位都不能准确地预估工作期限,因此,如果约定试用期,无法参照法律来约定具体的试用期限。如果用人单位强行约定试用期,不仅对劳动者不公平,更是违法的表现。

试用期可以约定零工资吗?

现实困惑

小吴大学毕业后,开始了自己的职业生涯。他根据自己所学的专业技能,应聘到一家软件公司做编程工作。入职前,小吴与该公司签订了劳动合同时,其中有一条约定:"试用期一个月,期间没有工资,试用期内表现合格者公司予以录用。"小吴对此条约定感到非常不满意,没有工资意味着这一个月是无偿劳动,是不公平的。他向公司相关人员反映了此情况,领导称,这是公司的规定,不能随意更改。显然,公司这么做是为了以最小的成本让员工为其服务。那么,公司给予试用期的员工零报酬合法吗?

律师答疑

本案中,小吴在一个月的试用期期间,无论其工作表现是否符合该公司的要求,小吴都会为公司创造一定的价值,而且他也为公司付出了一个月的劳动和时间,这都是需要得到肯定的。根据《劳动合同法实施条例》第十五条的规定,劳动者在试用期的工资不得低于本单位相同岗位最低档工资的80%或者不得低于劳动合同约定工资的80%,并不得低于用人单位所在地的最低工资标准。因此,该公司在试用期不给小吴工资的规定是不合法的。如果该公司坚持不给工资,小吴可以通过法律手段来维权。

法条链接

《中华人民共和国劳动合同法》

第二十条 劳动者在试用期的工资不得低于本单位相同岗位最低档工资或者劳动合同约定工资的百分之八十,并不得低于用人单位所在地的最低工资标准。

《中华人民共和国劳动合同法实施条例》

第十五条 劳动者在试用期的工资不得低于本单位相同岗位最低档工资的80%或者不得低于劳动合同约定工资的80%,并不得低于用人单位所在地的最低工资标准。

法理荟萃

对于劳动者所付出的劳动,用人单位应该给予相应的报酬,无偿劳动是不合理也是不合法的。用人单位对于在试用期的劳动者应该按照相关法律规定给予报酬。

兼职工作可以约定试用期吗?

现实困惑

小康是个自由职业者,打算做一份兼职。后来,小康找到一份符合自己要求的工作并与兼职单位就工作时间、工作报酬等事宜进行了协商。小康正式上岗后,该单位提出其工作的第一个月为试用期,这让他疑惑不解,这种兼职的工作可以约定试用期吗?

律师答疑

《劳动合同法》第七十条规定："非全日制用工双方当事人不得约定试用期。"非全日制用工本来就属于灵活用工形式，劳动关系的不确定性比全日制用工要强，而且非全日制劳动者的收入也往往低于全日制职工，因此要更严格地控制试用期来加强对非全日制劳动者的保护。案例中的兼职用工单位不得与小康约定试用期。

法条链接

《中华人民共和国劳动合同法》

第七十条　非全日制用工双方当事人不得约定试用期。

法理荟萃

我国以法律的形式明确规定非全日制劳动不得约定试用期。对于此，用人单位和劳动者都应予以充分知晓，以免在约定试用期后，发生不必要的劳动纠纷。

公司对劳动者进行技术培训的费用包括哪些？

现实困惑

小张所在公司组织市场部的全体人员到某市参加业务拓展技能的培训。在小张等人准备去参加培训前，公司告知培训所产生的费用先由个人垫付，各项费用要留有发票，以便培训结束后报销。有公司的这句话，小张等人便没有了后顾之忧。经过一周的培训，小张确实学到了很多专业技能，受益匪浅，同时费用也是一笔不小的数目。培训费和差旅费每人共计约6000元。但是，在报销过程中，财务告知只能报销培训费用，差旅费不能报销，要由自己承担。小张等人觉得这样不合理，但是公司解释道，培训不单是为了公司利益，也让员工有了一技之长，双方都是受益方，所以需共同承担费用。那么，该公司的做法是否合法呢？公司对劳动者进行技术培训的费用包括哪些？

律师答疑

本案中，小张等人的业务技能培训是公司组织的，根据《劳动法》第六十八条的规定，用人单位应当建立职业培训制度，按照国家规定提取和使用职业培训经费，根据本单位实际，有计划地对劳动者进行职业培训。由此可知，给员工提供职业培训是用人单位的义务，其费用理应由用人单位支付，该公司要求费用由双方共同支付是不合法的。根据《劳动合同法实施条例》第十六条的规定，培训费用包括用人单位为了对劳动者进行专业技术培训而支付的有凭证的培训费用、培训期间的差旅费用以及因培训产生的用于该劳动者的其他直接费用。因此，小张等人的差旅费在法律规定的培训费用范围之内，应该由公司承担。

法条链接

《中华人民共和国劳动合同法实施条例》

第十六条 劳动合同法第二十二条第二款规定的培训费用，包括用人单位为了对劳动者进行专业技术培训而支付的有凭证的培训费用、培训期间的差旅费用以及因培训产生的用于该劳动者的其他直接费用。

《中华人民共和国劳动合同法》

第二十二条 用人单位为劳动者提供专项培训费用，对其进行专业技术培训的，可以与该劳动者订立协议，约定服务期。

劳动者违反服务期约定的，应当按照约定向用人单位支付违约金。违约金的数额不得超过用人单位提供的培训费用。用人单位要求劳动者支付的违约金不得超过服务期尚未履行部分所应分摊的培训费用。

《中华人民共和国劳动法》

第六十八条 用人单位应当建立职业培训制度，按照国家规定提取和使用职业培训经费，根据本单位实际，有计划地对劳动者进行职业培训。

从事技术工种的劳动者，上岗前必须经过培训。

法理荟萃

用人单位应当建立职业培训制度，有计划地对劳动者进行职业培训，在培训过程中产生的必要费用应由用人单位承担。

劳动合同先于服务期期满的，怎么办？

现实困惑

2021年6月，李某入职某公司，签订了为期三年的劳动合同。2021年12月，公司出资让其出国进行为期半年的培训，双方签订协议，约定培训以后李某需为公司履行五年服务期，如果李某在服务期内提出辞职，需要支付违约金，以补偿公司损失。违约金按培训费用根据未服务年限比例计算。在签订服务协议时，公司并未对之后劳动合同到期的问题给予回答，所以李某认为到期后的劳动合同会续签。2023年6月，劳动合同到期，新晋的公司领导决定不续约。李某认为劳动合同应续延至服务期期满，否则自己可能要承担未到服务期的违约责任。面对这种情况，劳动合同先于服务期期满的，李某应该怎么办？

律师答疑

服务期是用人单位以给予一定培训费用为代价，要求接受培训的员工为用人单位提供相应服务的约定。签订服务期协议后，员工为公司服务的期限就不仅仅受劳动合同期限约束，也受到服务期协议期限的约束。如要在服务期内提前离职，一般会按照服务期协议的约定承担相应的违约责任。根据《劳动合同法实施条例》第十七条的规定，劳动合同期满，服务期尚未到期的，劳动合同应当续延至服务期满。所以，李某应与公司协商续签劳动合同至服务期满。如果新的公司领导执意不想与其续约的，李某也不必依据服务期协议的约定来承担违约责任。

法条链接

《劳动合同法实施条例》

第十七条 劳动合同期满，但是用人单位与劳动者依照劳动合同法第二十二条的规定约定的服务期尚未到期的，劳动合同应当续延至服务期满；双方另有约定的，从其约定。

《中华人民共和国劳动合同法》

第二十二条 用人单位为劳动者提供专项培训费用，对其进行专业技术培训的，可以与该劳动者订立协议，约定服务期。

劳动者违反服务期约定的，应当按照约定向用人单位支付违约金。违约金的数额不得超过用人单位提供的培训费用。用人单位要求劳动者支付的违约金不得超过服务期尚未履行部分所应分摊的培训费用。

用人单位与劳动者约定服务期的，不影响按照正常的工资调整机制提高劳动者在服务期期间的劳动报酬。

法理荟萃

对于劳动合同期满，服务期尚未到期的，劳动合同应当续延至服务期满。这是法律的一般性规定。如果用人单位与劳动者有其他约定的，如约定劳动合同先于服务期到期后，是否续签劳动合同视情况而定，那么届时就按照这一约定即可。

服务期未满，提前解除劳动合同的，需要支付违约金吗？

现实困惑

王某通过层层选拔进入了一家工资待遇优厚的文化公司，在与公司签订的劳动合同里，约定了王某在该公司最低服务期为五年。工作半年后，王某发现公司为自己所缴纳的社保基数是最低的，与自己的实际工资不符。王某去找公司询问，公司答复说，如果按照实际工资来缴纳社保费，员工自己就会少发工资1000多元，公司这样做也是为了替员工考虑。王某觉得，现在多交点保险，将来退休时退休金也相应会高。况且，大部分保险费用是由公司承担的，公司这样做明显是在为自己减少开支。于是，王某在多次与公司交涉未果后，打算提出辞职。王某想知道：对于没结束的服务期，自己应按照劳动合同的约定支付违约金吗？

律师答疑

因公司未依法缴纳社保费而解除劳动合同，对于没结束的服务期，自己是否要支付违约金这个问题，王某完全不用担心。肯定地说，这种情况下他不需要支付违约金。根据《劳动合同法实施条例》第二十六条第一款的规定，用人单位与劳动者约定了服务期，劳动者依照劳动合同法第三十八条的规定解除劳动合同的，不属于违反服务期的约定，用人单位不得要求劳动者支付违约金。王某的情况恰恰属于《劳动合同法》第三十八条规定的情况，所以王某不用向用人单位支付违约金。

法条链接

《中华人民共和国劳动合同法实施条例》

第二十六条第一款　用人单位与劳动者约定了服务期，劳动者依照劳动合同法第三十八条的规定解除劳动合同的，不属于违反服务期的约定，用人单位不得要求劳动者支付违约金。

《中华人民共和国劳动合同法》

第三十八条 用人单位有下列情形之一的，劳动者可以解除劳动合同：

……

（三）未依法为劳动者缴纳社会保险费的；

……

法理荟萃

用人单位违法而不承担法定义务致使劳动者单方解除劳动合同的，劳动者解除劳动合同的行为不是违约行为，不必支付违约金。

服务期内，因劳动者严重失职而解除劳动合同的，劳动者应否支付违约金？

现实困惑

崔某与某公司签订劳动合同并约定了服务期。一日，崔某同乡来访，约他一起去喝酒。正在上班时间，崔某不便离开工作岗位，可是禁不住同乡劝说，便和同乡一起离开去喝酒。恰巧该日重要客户到访，考察该公司。由于崔某这位关键技术人员的缺位，让客户对公司的能力产生怀疑，最终到手的大单"飞了"。公司因此损失50万元。公司领导特别生气，便与崔某解除了劳动合同，并要求崔某就未完的服务期支付违约金。崔某不服，觉得是公司解除合同，自己不该支付违约金。那么崔某究竟该不该支付违约金？

律师答疑

根据《劳动合同法实施条例》第二十六条第二款第二项的规定，劳动者严重失职，营私舞弊，给用人单位造成重大损害的，用人单位与劳动者解除约定服务期的劳动合同的，劳动者应当按照劳动合同的约定向用人单位支付违约金。崔某在该次事件中擅离职，属于严重的失职行为，让公司损失了50万元，给公司造成了重大损害。因而公司依法可以解除与崔某的合同，崔某应该就未完的服务期向公司支付违约金。

法条链接

《中华人民共和国劳动合同法实施条例》

第二十六条第二款 有下列情形之一，用人单位与劳动者解除约定服务期的劳动合同的，劳动者应当按照劳动合同的约定向用人单位支付违约金：

……

（二）劳动者严重失职，营私舞弊，给用人单位造成重大损害的；

……

法理荟萃

劳动者必须依法依约履行自己在劳动过程中应该履行的义务，决不可擅离职守、营私舞弊，否则因其给用人单位造成严重损失而解除劳动合同的，如果存在服务期等相关约定，则很可能需要向用人单位支付违约金。

第三章 劳动合同的效力
——什么样的劳动合同才有效

什么样的劳动合同是无效的？

现实困惑

某公司在与陈某就劳动合同细节问题商谈时，完全背离实际情况，并作出了一些虚假的承诺，使陈某信以为真。陈某与该公司签订了劳动合同后，发现公司当初的承诺不可能兑现。该劳动合同是有效的吗？

律师答疑

该劳动合同无效。依据《劳动合同法》第二十六条的相关规定，以欺诈、胁迫或者乘人之危的手段，使对方在违背真实意思的情况下订立或者变更劳动合同的，无效或部分无效。陈某是在被欺骗的情况下与公司签订劳动合同的，因此，该劳动合同是无效的。

法条链接

《中华人民共和国劳动合同法》

第二十六条 下列劳动合同无效或者部分无效：

（一）以欺诈、胁迫的手段或者乘人之危，使对方在违背真实意思的情况下订立或者变更劳动合同的；

（二）用人单位免除自己的法定责任、排除劳动者权利的；

（三）违反法律、行政法规强制性规定的。

对劳动合同的无效或者部分无效有争议的,由劳动争议仲裁机构或者人民法院确认。

《中华人民共和国劳动法》

第十八条 下列劳动合同无效:

(一)违反法律、行政法规的劳动合同;

(二)采取欺诈、威胁等手段订立的劳动合同。

无效的劳动合同,从订立的时候起,就没有法律约束力。确认劳动合同部分无效的,如果不影响其余部分的效力,其余部分仍然有效。

劳动合同的无效,由劳动争议仲裁委员会或者人民法院确认。

法理荟萃

用人单位与劳动者订立劳动合同,应当遵循合法、公平、平等自愿、协商一致、诚实信用的原则。任何一方不得采取手段使对方在违背其真实意思的情况下订立劳动合同。

所有的劳动者都要与用人单位签订竞业限制协议吗?

现实困惑

孙某应聘到一家网络公司任部门主管,该公司要与孙某签订竞业限制的协议。孙某认为自己应聘的职位不涉及保密内容,不必与公司签订竞业限制协议。从事什么职业的劳动者需要与企业签订竞业限制协议?

律师答疑

并非所有的劳动者都要与用人单位签订竞业限制协议,涉及保密义务的劳动者可以签订竞业限制协议,如果根本没有保密的必要,则不必签订竞业限制协议。从相关法律的释义可以了解,劳动者与用人单位签订竞业协议并不是强制条款,也就是可以签可以不签,而签订协议的劳动者仅限于用人单位的高级管理人员、高级技术人员和其他负有保密义务的人员。

法条链接

《中华人民共和国劳动合同法》

第二十四条 竞业限制的人员限于用人单位的高级管理人员、高级技术人员和其他负有保密义务的人员。竞业限制的范围、地域、期限由用人单位与劳动者约定,竞业限制的约定不得违反法律、法规的规定。

在解除或者终止劳动合同后,前款规定的人员到与本单位生产或者经营同类产品、从事同类业务的有竞争关系的其他用人单位,或者自己开业生产或者经营同类产品、从事同类业务的竞业限制期限,不得超过二年。

法理荟萃

用人单位可以与劳动者签订竞业限制协议,也可以在劳动合同中约定条款,但是对于竞业限制的人员、竞业限制的期限等方面的约定不得违反法律规定。

劳动合同到期没续签但仍然工作的,怎么算?

现实困惑

林某与某房地产公司签订了为期3年的劳动合同。3年后劳动合同期限届满,双方没有续签合同,也没有办理终止合同的手续,林某仍在公司工作。这种情况要如何认定?

律师答疑

根据《劳动合同法》第五十条的规定，当事人双方履行了劳动合同义务，劳动合同终止、解除以后，用人单位应当与劳动者办理终止或解除劳动合同的手续，为劳动者出具终止、解除劳动合同证明书，作为劳动者按规定享受失业保险待遇和求职登记的凭证。如果用人单位愿意与劳动者继续维持劳动关系，就应该提出续签合同。如果劳动合同期满后，双方对此没有任何异议，一切照旧，则认定为双方默认按照原劳动合同的约定继续履行。本案中，尽管林某与公司没有续约，但双方对现状没有异议，就视为继续履行原劳动合同。

法条链接

《最高人民法院关于审理劳动争议案件适用法律问题的解释（一）》

第三十四条第一款 劳动合同期满后，劳动者仍在原用人单位工作，原用人单位未表示异议的，视为双方同意以原条件继续履行劳动合同。一方提出终止劳动关系的，人民法院应予支持。

《中华人民共和国劳动合同法》

第五十条第一款 用人单位应当在解除或者终止劳动合同时出具解除或者终止劳动合同的证明，并在十五日内为劳动者办理档案和社会保险关系转移手续。

法理荟萃

劳动合同履行期满后，劳动者继续在原用人单位工作，原单位接受的，视为同意以原来的条件继续履行劳动合同。当然，如果有一方提出终止劳动关系的，劳动合同即告终止。

劳动合同中"发生伤亡事故概不负责"的条款有效吗？

现实困惑

王某与某建筑公司签订了一份为期三年的劳动合同，合同中约定有"发生伤亡事故本公司概不负责"的条款。不久后，王某在一次施工中不慎从脚手架上摔落，造成腰椎粉碎性骨折，下肢瘫痪生活不能自理。事故发生后，王某一家无力承担巨额的医疗费用，遂要求公司支付医疗费用。建筑公司以早有约定为由，拒绝支付医疗费。王某与公司签订的如此劳动合同条款有效吗？

律师答疑

王某与建筑公司签订的劳动合同中所约定的"发生伤亡事故本公司概不负责"的条款是无效的，其余部分如果没有违反相关的法律规定，应视为有效。建筑行业是比较危险的行业，一些建筑公司为了减少支出，扩大收益，便会要求职工签订包含"发生伤亡事故本公司概不负责"等类似条款的合同，这些条款免除了用人单位的法定责任、排除了劳动者的权利，是无效的。王某可以依法主张权利，进行工伤鉴定，并要求建筑公司承担相关工伤保险待遇。

法条链接

《中华人民共和国劳动合同法》

第二十六条　下列劳动合同无效或者部分无效：

（一）以欺诈、胁迫的手段或者乘人之危，使对方在违背真实意思的情况下订立或者变更劳动合同的；

（二）用人单位免除自己的法定责任、排除劳动者权利的；

（三）违反法律、行政法规强制性规定的。

对劳动合同的无效或者部分无效有争议的，由劳动争议仲裁机构或者人民法院确认。

法理荟萃

劳动者到用人单位工作，用人单位不能利用劳动合同来规避自己的责任和义务。"工伤概不负责"就是用人单位免除自己责任的规定，是不合法的，也是与法律公平正义的精神相违背的。

劳动合同无效，已付出劳动的劳动者还能拿到工资吗？

现实困惑

黄某与一家文具公司签订了劳动合同，合同约定黄某任开发部经理，月薪三万元。最近，据公司人力资源部的小道消息，黄某等一批中层领导的劳动合同存在重大瑕疵，极有可能是无效劳动合同。黄某很着急，上个月和最近的工资还没发呢，如果劳动合同是无效的，这俩月不是白干了？黄某能拿到工资吗？

律师答疑

有付出就会有回报，劳动亦是如此。我国《劳动合同法》第二十八条明确规定，劳动合同被确认无效，劳动者已付出劳动的，用人单位应当向劳动者支付劳动报酬。本案中，即使黄某与文具公司签订的劳动合同被确认为无效，但对于黄某已付出的劳动，还是要给予相应的报酬。

法条链接

《中华人民共和国劳动合同法》

第二十八条 劳动合同被确认无效,劳动者已付出劳动的,用人单位应当向劳动者支付劳动报酬。劳动报酬的数额,参照本单位相同或者相近岗位劳动者的劳动报酬确定。

法理荟萃

劳动合同虽然被认定无效,但是劳动者已经在用人单位实际付出劳动的,仍应依法享有获取劳动报酬的权利。只是,关于劳动报酬的数额,不再依据无效的劳动合同的约定,要参照本单位相同或者相近岗位劳动者的劳动报酬确定。

想要确认劳动合同是否有效,该去哪里?

现实困惑

小李与所在单位签订的三年劳动合同到期了,双方都有意续签劳动合同,因此人力资源部通知续签合同。由于对公司非常信任,他也没有认真查看相关合同条款就续签了合同。一个月后,小李收到工资条,发现工资比之前少了两百多元钱,于是向公司询问缘由。公司告知,新的劳动合同约定,自签约之后的社会保险费全部由个人承担,公司由于经济效益不佳,不再承担相应的费用;如果员工自己不愿意承担,也可以不再缴纳社保。小李觉得此劳动合同条款让公司自主免除了给员工缴纳保险的义务,是不合法的,属无效。但是,公司称,劳动合同是让小李看后签订的,是合法有效的。对于小李和公司的说法,应该到哪得到确证呢?

律师答疑

本案中，小李的续约合同中约定，社会保险费由个人独自承担，公司不再负有责任，但是社会保险费是由用人单位和个人依照国家相关规定按照一定比例共同承担的，公司单方面不再缴纳社会保险费是不合法的。面对续约的劳动合同，公司称并没有欺瞒小李，而小李认为该约定条款无效。关于此劳动合同条款的效力问题，根据《劳动合同法》第二十六条的规定，用人单位在劳动合同中免除自己的法定责任、排除劳动者权利的；或者劳动合同中有违反法律、行政法规强制性规定的，为无效或者部分无效合同，对劳动合同的无效或者部分无效有争议的，由劳动争议仲裁机构或者人民法院确认。所以此案中，对劳动合同的无效或者部分无效的争议，小李和公司应提请劳动争议仲裁机构或者人民法院确认。

法条链接

《中华人民共和国劳动合同法》

第二十六条 下列劳动合同无效或者部分无效：

（一）以欺诈、胁迫的手段或者乘人之危，使对方在违背真实意思的情况下订立或者变更劳动合同的；

（二）用人单位免除自己的法定责任、排除劳动者权利的；

（三）违反法律、行政法规强制性规定的。

对劳动合同的无效或者部分无效有争议的，由劳动争议仲裁机构或者人民法院确认。

法理荟萃

用人单位拟定的劳动合同不能免除自己的法定责任、排除劳动者权利，应遵循法律和行政法规的规定。对于劳动合同法律效力存在争议的，由劳动争议仲裁机构或者人民法院确认。

劳动合同条款部分无效的，影响其他条款吗？

现实困惑

小王经朋友介绍到一家网络公司做行政工作，由于是朋友介绍，小王觉得对公司特别放心，在签订劳动合同的时候并没有仔细阅读相关条款就痛快地签了字。随着该公司业务量的大增，加班成了家常便饭。但是当小王拿到工资条的时候，并没有加班费，他觉得没有加班费就是无偿劳动了，这是不合法的。对此，公司称，劳动合同中明确约定了没有加班费，作为加班补偿，只在年底时给予一千元的红包。小王觉得这样的条款是无效的。那么，如果有一些劳动合同条款无效的，影响其他条款吗？

律师答疑

根据《劳动合同法》第二十六条第二款和第二十七条的规定，对劳动合同的无效或者部分无效有争议的，由劳动争议仲裁机构或者人民法院确认；劳动合同部分无效，不影响其他部分效力的，其他部分仍然有效。在上面的案例中，如果经确认，加班没有报酬这一条款是无效的，其他条款的规定是符合程序的，那么，此劳动合同关于加班费的部分约定无效，其他部分仍然有效。

法条链接

《中华人民共和国劳动法》

第十八条第二款 无效的劳动合同，从订立的时候起，就没有法律约束力。确认劳动合同部分无效的，如果不影响其余部分的效力，其余部分仍然有效。

《中华人民共和国劳动合同法》

第二十六条第二款 对劳动合同的无效或者部分无效有争议的，由劳动争议仲裁机构或者人民法院确认。

第二十七条 劳动合同部分无效，不影响其他部分效力的，其他部分仍然有效。

法理荟萃

对劳动合同的无效或者部分无效有争议的，可以提请劳动争议仲裁机构或者人民法院确认，被确认为部分无效的合同，不影响其他部分效力的，其他部分仍然有效。这是维护经济秩序的体现，更是对劳动者利益的保护。

使用虚假身份证和姓名与用人单位签订的劳动合同有效吗？

现实困惑

冯某听说B市出台了一项人才引进政策，即外省市的人员符合条件可以办理落户并在求职方面享受一定的优惠。冯某来到B市后，因不符合条件没有落户成功。B市的公司很多都优先招聘本市人员，为了能找到一份好工作，冯某想办法伪造了具有B市户籍的身份证，化名赵某某，成功应聘了某公司的业务员一职，并与该公司签订了劳动合同。那么，冯某使用虚假身份证和姓名与用人单位签订的劳动合同有效吗？

律师答疑

我国《劳动合同法》第三条规定，劳动者与用人单位订立劳动合同时，应当遵循诚实信用的原则。根据本条的规定，劳动者在与用人单位订立劳动合同时应本着诚实信用的原则，如实向用人单位提供自己的身份信息，包括姓名、学历、工作经验、职业技能、资格证书等，这些是用人单位决定是否与劳动者签订劳动合同的考量标准。现实生活中，有些劳动者为获得在用人单位工作的机会，可能会在身份信息中造假，这种行为实际上侵害了用人单位的知情权，属于欺诈行为。为维护用人单位的合法权益，我国《劳动合同法》在第二十六条作出了明确规定：以欺诈、胁迫的手段或者乘人之危，使对方在违背真实意思的情况下订立或者变更劳动合同的，该劳动合同无效或者部分无效。根据这一条文的规定，当用人单位发现劳动者使用虚假的身份信息与本单位签订劳动合同的，用人单位可依法主张该合同无效。

法条链接

《中华人民共和国劳动合同法》

第三条第一款 订立劳动合同，应当遵循合法、公平、平等自愿、协商一致、诚实信用的原则。

第二十六条第一款 下列劳动合同无效或者部分无效：

（一）以欺诈、胁迫的手段或者乘人之危，使对方在违背真实意思的情况下订立或者变更劳动合同的；

（二）用人单位免除自己的法定责任、排除劳动者权利的；

（三）违反法律、行政法规强制性规定的。

法理荟萃

劳动者与用人单位在签订劳动合同时应遵守诚实信用原则，向用人单位提供真实的个人身份信息。若劳动者为获得工作岗位而使用虚假身份信息，用人单位在发现后可依法主张与劳动者签订的劳动合同无效。

用人单位与其他单位合并，原劳动合同是否继续有效？

现实困惑

李某是某用人单位的职工，其所在的单位因为经营需要，决定与另一家公司合并。两家公司合并后，合并后的公司将有新的名称及法定代表人。李某想知道，自己与原用人单位的劳动合同是否继续有效？

律师答疑

公司合并，是指两个或两个以上的公司按照法定程序合并为一个公司。根据《劳动合同法》第三十四条的规定，用人单位合并或者分立，原劳动合同继续有效，劳动合同由继承其权利义务的用人单位继续履行。用人单位变更名称的，应当变更劳动合同的用人单位名称。案例中的李某与原用人单位的劳动合同继续有效。

法条链接

《中华人民共和国劳动合同法》

第三十四条 用人单位发生合并或者分立等情况，原劳动合同继续有效，劳动合同由承继其权利和义务的用人单位继续履行。

法理荟萃

劳动合同订立后，发生用人单位与其他单位合并或分立等情形的，致使劳动合同订立时所依据的客观情况发生重大变化，如果劳动合同无法履行，经用人单位与劳动者协商，未能就变更劳动合同内容达成协议的，用人单位可以依照规定解除劳动合同。

第四章 劳务派遣——一种特别的劳动合同

劳务派遣公司可以向劳动者收取费用吗？

现实困惑

李红到某劳务派遣公司面试。劳务派遣公司询问了一下李红的基本情况后，觉得李红符合他们公司派工的需要，决定与之签订劳动合同。在签订劳动合同时，该公司向李红收取职位介绍费，李红觉得自己不应该向该公司交所谓的介绍费。劳务派遣公司可以向劳动者收取费用吗？

律师答疑

在现实生活中，很多劳务派遣组织是以劳务承包或劳务中介为主，兼营劳务派遣。这些组织认为自己向劳动者提供了服务，自己有权利从中提取一定数额的钱，作为自己的劳动所得。但是，《劳动合同法》第九条和第六十条第三款都对劳动者收费作出了禁止性规定。劳务派遣公司以劳务派遣的名义招用劳动者，双方应当依照《劳动合同法》第五十八条规定，签订两年以上的固定期限的劳动合同。劳务派遣单位是没有权利向劳动者收取任何费用的，劳务派遣性质不同于"职业介绍中介"，不能以给劳动者介绍工作为由，收取任何费用。

法条链接

《中华人民共和国劳动合同法》

第九条 用人单位招用劳动者，不得扣押劳动者的居民身份证和其他证件，不得要求劳动者提供担保或者以其他名义向劳动者收取财物。

第五十八条第二款　劳务派遣单位应当与被派遣劳动者订立二年以上的固定期限劳动合同，按月支付劳动报酬；被派遣劳动者在无工作期间，劳务派遣单位应当按照所在地人民政府规定的最低工资标准，向其按月支付报酬。

第六十条　劳务派遣单位应当将劳务派遣协议的内容告知被派遣劳动者。

劳务派遣单位不得克扣用工单位按照劳务派遣协议支付给被派遣劳动者的劳动报酬。

劳务派遣单位和用工单位不得向被派遣劳动者收取费用。

法理荟萃

劳务派遣单位与被派遣的劳动者之间是劳动合同关系，而不是中介关系。劳务派遣单位为被派遣的劳动者介绍用工单位、支付工资等是其法定义务，其不应向被派遣劳动者收取任何中介费用，更不能扣发该劳动者的工资。

劳务派遣合同可以一年一签吗？

现实困惑

某劳务派遣公司从事劳务派遣业务多年。张女士与之签订了劳动合同，约定期限为一年，期满后可续签一年。张女士想到邻居刘太太提醒过自己，劳务派遣合同至少要签两年的，便提出欲签订两年劳动合同的要求。该劳务派遣公司表示一年到期就可立即续签下一期合同，与两年为固定期限的劳动合同并无实质不同，只是为了方便公司管理才这样做。张女士听信派遣公司的解答，未再主张新合同的签订。那么，劳务派遣合同可以一年一签吗？

律师答疑

劳务派遣合同最低期限为两年。从性质上看，劳务派遣公司与劳动者签订的协议属于劳动合同的范畴，但由于其与接受派遣的单位之间关系复杂，其劳动合同存在不同于一般劳动合同的方面，合同期限的规定就是其具体体现。根据我国《劳动合同法》第五十八条的规定，劳务派遣单位应当与被派遣劳动者订立二年以上的固定期限劳动合同，按月支付劳动报酬；被派遣劳动者在无工作期间，劳务派遣单位应当按照所在地人民政府规定的最低工资标准，向其按月支付报酬。据此可以看出，法律强制要求派遣单位与劳动者签署最短二年的固定期限劳动合同，案例中该劳务派遣公司只签订期限为一年的劳动合同是违反法律规定的。

法条链接

《中华人民共和国劳动合同法》

第五十八条 劳务派遣单位是本法所称用人单位，应当履行用人单位对劳动者的义务。劳务派遣单位与被派遣劳动者订立的劳动合同，除应当载明本法第十七条①规定的事项外，还应当载明被派遣劳动者的用工单位以及派遣期限、工作岗位等情况。

劳务派遣单位应当与被派遣劳动者订立二年以上的固定期限劳动合同，按月支付劳动报酬；被派遣劳动者在无工作期间，劳务派遣单位应当按照所在地人民政府规定的最低工资标准，向其按月支付报酬。

法理荟萃

劳务派遣单位与劳动者签订的劳动合同不同于传统意义上劳动合同，劳动合同期限最少为二年。劳务派遣单位不得利用"便于管理""肯定会续约"等话术欺骗劳动者签订少于二年的劳动合同。

---

① 《中华人民共和国劳动合同法》
第十七条 劳动合同应当具备以下条款：
（一）用人单位的名称、住所和法定代表人或者主要负责人；
（二）劳动者的姓名、住址和居民身份证或者其他有效身份证件号码；
……

在一个派遣期可以订立多个派遣协议吗?

现实困惑

孙女士是广州一家劳务派遣公司员工,与公司签订了为期两年的劳动合同。孙女士将被派遣到东莞市某家政保洁公司担任保洁员,派遣被分为三个周期,家政公司与劳务派遣公司分别订立派遣协议。上班后,孙女士与其他同事任务一样,听公司指挥去各处做保洁。年前的一个月孙女士突然得到通知,本期派遣已到期,元宵节次日履行第二期派遣协议内容。眼看着其他同事年底拿着年终福利回家,孙女士心里真不是滋味。一个派遣期内却被分割订立多个派遣协议,以此逃避年终奖金等多项福利的发放,这样的做法能得到法律允许吗?

律师答疑

一个派遣期内签订多个派遣协议的行为是违反法律规定的。我国《劳动合同法》第五十九条第二款已明确规定,用工单位应当根据工作岗位的实际需要与劳务派遣单位确定派遣期限,不得将连续用工期限分割订立数个短期劳务派遣协议。此外,根据该法的第六十二条的规定,提供与工作岗位相关的福利待遇是用工单位的一项法定义务,是职工享受同工同酬待遇的具体体现。因此,本案家政公司与劳务派遣公司以分割派遣期的手段逃避福利待遇的提供,是与法律相违背的。

法条链接

《中华人民共和国劳动合同法》

第五十九条 劳务派遣单位派遣劳动者应当与接受以劳务派遣形式用工的单位(以下称用工单位)订立劳务派遣协议。劳务派遣协议应当约定派遣岗位和人员数量、派遣期限、劳动报酬和社会保险费的数额与支付方式以及违反协议的责任。

用工单位应当根据工作岗位的实际需要与劳务派遣单位确定派遣期限，不得将连续用工期限分割订立数个短期劳务派遣协议。

第六十二条 用工单位应当履行下列义务：

（一）执行国家劳动标准，提供相应的劳动条件和劳动保护；

（二）告知被派遣劳动者的工作要求和劳动报酬；

（三）支付加班费、绩效奖金，提供与工作岗位相关的福利待遇；

（四）对在岗被派遣劳动者进行工作岗位所必需的培训；

（五）连续用工的，实行正常的工资调整机制。

用工单位不得将被派遣劳动者再派遣到其他用人单位。

法理荟萃

劳务派遣应该有专业化的操作，在法律规定范围内运行，兼顾三方的权、责、利，避免使处于弱势地位的劳动者权益受侵害。用工单位作为与劳动者关系更为密切的一方，应积极履行相关义务，不能为了牟利占劳动者的"便宜"。

劳务派遣，工资由谁支付？

现实困惑

李三与某劳务派遣单位签订劳动合同后被派遣到某用工单位劳动。李三在用工单位工作期间，不知道该由谁来向其支付工资，担心工资无法按时发放。那么，李三的工资应该由谁支付呢？

律师答疑

根据《劳动合同法》第五十八条第二款和第五十九条第一款规定可知，在劳务派遣关系中，用工单位通过与劳务派遣单位签订劳务派遣协议，由用工单位按照协议约定的支付方式向劳务派遣单位支付劳动报酬。劳务派遣公司作为用人单位应当给劳动者发放工资。同时，为了保护被派遣劳动者的利益，《劳动合同法》规定被派遣劳动者在无工作期间，派遣单位应按照所在地人民政府规定的最低工资标准向劳动者支付报酬。

法条链接

《中华人民共和国劳动合同法》

第五十八条第二款 劳务派遣单位应当与被派遣劳动者订立二年以上的固定期限劳动合同，按月支付劳动报酬；被派遣劳动者在无工作期间，劳务派遣单位应当按照所在地人民政府规定的最低工资标准，向其按月支付报酬。

第五十九条第一款 劳务派遣单位派遣劳动者应当与接受以劳务派遣形式用工的单位（以下称用工单位）订立劳务派遣协议。劳务派遣协议应当约定派遣岗位和人员数量、派遣期限、劳动报酬和社会保险费的数额与支付方式以及违反协议的责任。

第六十条第二款 劳务派遣单位不得克扣用工单位按照劳务派遣协议支付给被派遣劳动者的劳动报酬。

法理荟萃

在实践中，被派遣劳动者的工资一般体现在用工单位支付给劳务派遣单位的派遣费用中。劳务派遣单位作为与劳动者建立劳动关系的一方，应按月及时、足额向劳动者发放工资，不得克扣。

劳务派遣中的加班费和奖金应该由谁支付？

现实困惑

陈某是某劳务派遣公司员工，双方签订了劳动合同，合同期限为自2021年1月1日至2023年12月31日，并约定陈某将被派遣至羚羊纺织公司从事纺织工作，月薪5000元，由派遣单位发放。春节前夕，纺织厂组织陈某等近二十个工人加班赶工，并承诺完工后发放奖金。不料，结算工资时陈某发现自己没有拿到加班费和奖金。加班事实已经实际发生，陈某的加班费和奖金又该向谁主张呢？

律师答疑

依据《劳动合同法》第六十二条之规定，支付加班费、绩效奖金，提供与工作岗位相关的福利待遇是用工单位的一项法定义务，具体到本案来看，羚羊纺织公司作为实际用工单位应当承担陈某的加班费和奖金。用工单位可以直接将加班费和奖金发给陈某，也可以交给派遣单位，由派遣单位向其发放。

法条链接

《中华人民共和国劳动合同法》

第六十二条 用工单位应当履行下列义务：

（一）执行国家劳动标准，提供相应的劳动条件和劳动保护；

（二）告知被派遣劳动者的工作要求和劳动报酬；

（三）支付加班费、绩效奖金，提供与工作岗位相关的福利待遇；

（四）对在岗被派遣劳动者进行工作岗位所必需的培训；

（五）连续用工的，实行正常的工资调整机制。

用工单位不得将被派遣劳动者再派遣到其他用人单位。

《劳务派遣暂行规定》

第九条 用工单位应当按照劳动合同法第六十二条规定，向被派遣劳动者提供与工作岗位相关的福利待遇，不得歧视被派遣劳动者。

法理荟萃

在劳务派遣中，被派遣劳动者的劳动成果直接归属于用工单位，因此，对于如加班费、绩效奖金等应当由用工单位直接支付，或者由用工单位支付给劳务派遣公司，再由劳务派遣公司支付给被派遣劳动者。

被派遣人员的社保由谁来办理和缴纳？

现实困惑

周莉在某市上班，自己单独租了一套住房。她的母亲冯某为照顾女儿的饮食起居，从农村搬来与之同住。冯某除了每天给女儿做饭，没有其他事情可做，但她是个闲不住的人，不久就与某劳务派遣公司签订了劳动合同，到该市某小区从事保洁工作。周莉知道后询问母亲工作的相关内容，问劳务派遣公司是否为她办理了社会保险等。母亲便说，劳务派遣公司说会由用工单位为她上社保。请问，被派遣人员的社保应当由谁来办理和缴纳？

律师答疑

关于谁应当为被派遣人员办理和缴纳社保的问题，我国《劳务派遣暂行规定》第八条和第十八条作出了相关规定。根据该两条规定可知，为被派遣人员办理社保分为两种情况。一是，如果被派遣人员在本地从事劳务派遣工作，就由劳务派遣单位依据规定和约定，为被派遣劳动者缴纳社会保险费，并办理相关手续；二是，被派遣人员被安排跨地区工作，劳务派遣单位应在用工单位所在地为被派遣劳动者办理社会保险，并按当地规定缴纳社会保险费。也就是说，无论是不是跨区域派遣，都要由劳务派遣单位负责给被派遣人员办理和缴纳社保。案例中，冯某的社保也应由劳务派遣公司办理和缴纳。

法条链接

《劳务派遣暂行规定》

第八条 劳务派遣单位应当对被派遣劳动者履行下列义务：

……

（四）按照国家规定和劳务派遣协议约定，依法为被派遣劳动者缴纳社会保险费，并办理社会保险相关手续；

……

第十八条 劳务派遣单位跨地区派遣劳动者的，应当在用工单位所在地为被派遣劳动者参加社会保险，按照用工单位所在地的规定缴纳社会保险费，被派遣劳动者按照国家规定享受社会保险待遇。

法理荟萃

社会保险的办理和缴纳涉及被派遣人员的切身利益，劳务派遣单位为被派遣人员办理和缴纳社保是其法定义务。

被派遣人员可以单方解除劳动合同吗？

现实困惑

肖某与某劳务派遣公司签订了劳动合同，后被派遣到某用工单位参加劳动。肖某发现自己领到的工资比事先说好的低，便去用工单位询问，用工单位说自己已经按照协议将工资打入劳务派遣公司账户。劳务派遣公司称自己系合理扣除被派遣者部分工资作为管理之用。肖某认为劳务派遣公司做法不合理，他可以单方解除劳动合同吗？

律师答疑

《劳动合同法》第六十条第二款规定："劳务派遣单位不得克扣用工单位按照劳务派遣协议支付给被派遣劳动者的劳动报酬。"劳务派遣公司不得克扣肖某的劳动报酬。对于劳务派遣单位的恶意克扣行为，《劳动合同法》第三十八条作出了明确规定，用人单位未及时足额支付劳动报酬的，劳动者可以解除劳动合同。据此可知，劳务派遣单位作为用人单位，其出现不及时足额地支付劳动报酬的情形时，肖某作为劳动者可以解除劳动合同。

法条链接

《中华人民共和国劳动合同法》

第三十八条 用人单位有下列情形之一的，劳动者可以解除劳动合同：

（一）未按照劳动合同约定提供劳动保护或者劳动条件的；

（二）未及时足额支付劳动报酬的；

（三）未依法为劳动者缴纳社会保险费的；

（四）用人单位的规章制度违反法律、法规的规定，损害劳动者权益的；

（五）因本法第二十六条第一款规定的情形致使劳动合同无效的；

（六）法律、行政法规规定劳动者可以解除劳动合同的其他情形。

用人单位以暴力、威胁或者非法限制人身自由的手段强迫劳动者劳动的，或者用人单位违章指挥、强令冒险作业危及劳动者人身安全的，劳动者可以立即解除劳动合同，不需事先告知用人单位。

第六十条第二款 劳务派遣单位不得克扣用工单位按照劳务派遣协议支付给被派遣劳动者的劳动报酬。

法理荟萃

支付劳动报酬是劳动合同的必备条款，用人单位未按照劳动合同约定及时足额支付劳动报酬，既是违反劳动合同，也是对劳动者合法权益的侵犯，劳动者有权与用人单位解除劳动合同。

派遣单位可以与不胜任本职工作的被派遣人员解除劳动合同吗？

现实困惑

王武与某劳务派遣公司签订劳动合同，王武被派遣到某公司参加技术岗位的工作。在该公司工作的同时在别的公司兼职，上班时工作效率不高，偶尔还利用上班时间通过网络处理兼职公司的事情。该公司要求王武不能耽误工作，但是王武仍拒不改正。如果用工单位将王武退回，派遣单位可以与之解除劳动合同吗？

律师答疑

《劳动合同法》第六十五条第二款规定："被派遣劳动者有本法第三十九条和第四十条第一项、第二项规定情形的，用工单位可以将劳动者退回劳务派遣单位，劳务派遣单位依照本法有关规定，可以与劳动者解除劳动合同。"第三十九条规定："劳动者同时与其他用人单位建立劳动关系，对完成本单位的工作任务造成严重影响，或者经用人单位提出，拒不改正的，用人单位可以解除劳动合同。"王武与其他单位建立劳动关系，影响在被派遣的用工单位的工作任务，经提醒仍拒不改正，如果用工单位因此将其退回的，劳务派遣单位可以依法与他解除劳动合同。

法条链接

《中华人民共和国劳动合同法》

第三十九条 劳动者有下列情形之一的，用人单位可以解除劳动合同：

（一）在试用期间被证明不符合录用条件的；

（二）严重违反用人单位的规章制度的；

（三）严重失职，营私舞弊，给用人单位造成重大损害的；

（四）劳动者同时与其他用人单位建立劳动关系，对完成本单位的工作任务造成严重影响，或者经用人单位提出，拒不改正的；

（五）因本法第二十六条第一款第一项[1]规定的情形致使劳动合同无效的；

（六）被依法追究刑事责任的。

第六十五条第二款 被派遣劳动者有本法第三十九条和第四十条第一项、第二项[2]规定情形的，用工单位可以将劳动者退回劳务派遣单位，劳务派遣单位依照本法有关规定，可以与劳动者解除劳动合同。

法理荟萃

作为劳动者，完成本职工作，是其应尽的义务。在劳务派遣中，劳动者也应该在用工单位做好本职工作，否则一旦被退回，可能面临被派遣单位解除劳动合同的后果。

---

[1] 《中华人民共和国劳动合同法》
第二十六条　下列劳动合同无效或者部分无效：
（一）以欺诈、胁迫的手段或者乘人之危，使对方在违背真实意思的情况下订立或者变更劳动合同的；

[2] 《中华人民共和国劳动合同法》
第四十条　有下列情形之一的，用人单位提前三十日以书面形式通知劳动者本人或者额外支付劳动者一个月工资后，可以解除劳动合同：
（一）劳动者患病或者非因工负伤，在规定的医疗期满后不能从事原工作，也不能从事由用人单位另行安排的工作的；
（二）劳动者不能胜任工作，经过培训或者调整工作岗位，仍不能胜任工作的；

被派遣人员发生工伤的，由谁来负责？

现实困惑

赵伟原来是某钢铁厂的职工，因钢铁厂破产而失业。赵伟花费了很长时间也没有找到合适的工作，就与某劳务派遣公司签订了劳动合同。赵伟上班后，公司将其安排到某搬家公司从事搬家业务。某天，赵伟与同事一块儿为顾客搬运家电，在下楼梯时，不小心被家电砸伤了胳膊。在医院治疗期间，花去了医药费5230元。出院后，赵伟要求劳务派遣公司为其办理工伤保险待遇，但是遭到了拒绝。劳务派遣公司认为，赵伟是在搬家过程中受伤的，应当由搬家公司负责。请问，到底应当由谁来负责？

律师答疑

在现实生活中，劳务派遣公司与用工单位之间相互推诿，不为被派遣人员办理工伤认定的情况时有发生。为保护被派遣劳动者的合法权益，我国《劳务派遣暂行规定》第十条对此作出了明确的规定。根据该规定，当被派遣人员发生工伤后，劳务派遣单位应当依法为其办理工伤认定申请。但是，因为劳动者是由劳务派遣公司派遣到用工单位的，用工单位对事故的发生较为清楚，理应做好协助工作，帮忙进行调查核实。在上述案例中，劳务派遣公司应当为赵伟进行工伤认定申请，办理工伤保险待遇，搬家公司对此有协助调查核实的义务。

法条链接

《劳务派遣暂行规定》

第十条 被派遣劳动者在用工单位因工作遭受事故伤害的，劳务派遣单位应当依法申请工伤认定，用工单位应当协助工伤认定的调查核实工作。劳务派遣单位承担工伤保险责任，但可以与用工单位约定补偿办法。

被派遣劳动者在申请进行职业病诊断、鉴定时，用工单位应当负责处理职业病诊断、鉴定事宜，并如实提供职业病诊断、鉴定所需的劳动者职业史和职业危害接触史、工作场所职业病危害因素检测结果等资料，劳务派遣单位应当提供被派遣劳动者职业病诊断、鉴定所需的其他材料。

法理荟萃

被派遣人员发生工伤后，劳务派遣单位与用工单位对此都应当承担相应责任，劳务派遣单位应当及时为工伤人员进行工伤认定申请，用工单位负责协助调查核实。

被派遣人员的离职证明，应该由谁来开？

现实困惑

孙强退伍后，一直没有找到合适的工作，便与某劳务派遣公司签订了劳动合同。劳务派遣公司将其派遣到某小区从事保安的工作。一年后，孙强得到一个做运输公司主管的工作机会，便辞掉了劳务派遣公司的工作。孙强请求劳务派遣公司为其开一张离职证明。但是劳务派遣公司的工作人员说，应当由用工单位为他办理离职手续。请问，应当由谁为孙强开具离职证明呢？

律师答疑

上述案例涉及的是劳务派遣公司和用工单位应当由谁为被派遣人员办理离职证明的问题。我国《劳务派遣暂行规定》第八条对此作了明确规定："劳务派遣单位应当对被派遣劳动者履行下列义务：……（六）依法出具解除或者终止劳动合同的证明……"可以看出，劳务派遣公司应当为被派遣人员办理离职证明。因为劳动者首先是与劳务派遣公司订立的劳动合同，再由劳务派遣公司为其安排合适的工作岗位，到用工单位工作。劳务派遣公司与劳动者存在的是劳动关系，用工单位与劳动者之间是实际用工关系。因此，劳动者真正受聘于劳务派遣公司，由劳务派遣公司为其办理离职证明于法有据。本案中，孙强所在的劳务派遣公司应当为其办理离职证明。

法条链接

《劳务派遣暂行规定》

第八条 劳务派遣单位应当对被派遣劳动者履行下列义务：

……

（六）依法出具解除或者终止劳动合同的证明；

……

法理荟萃

为离职的被派遣劳动者依法出具解除或者终止劳动合同的证明，是劳务派遣单位的法定义务，其不能以任何借口加以推脱。

第五章　社会保险——劳动合同中的保障问题

对于基本养老保险，职工可以拒绝参加吗？

现实困惑

黄某毕业后进入到一家小公司做推销员，每月工资5000元左右。参加了职工基本养老保险后，每月还要缴纳400多元的基本养老保险费用。于是黄某找到公司的负责人员，说明自己不想参加基本养老保险了，其他的社会保险照样参加。那么，关于基本养老保险，职工可以拒绝参加吗？

律师答疑

根据《社会保险费征缴暂行条例》第四条、第十三条规定，缴费单位、缴费个人应按时足额缴纳社会保险费，参加基本养老保险是每个企业和职工应有的权利也是其应尽的义务。企业不得以任何理由拒绝给职工参保，更不能以员工不愿意参保为由剥夺职工的这一权利。同样，对于职工个人来讲，也不能因为觉得自己能多开一些工资而不想缴纳养老保险。

法条链接

《社会保险费征缴暂行条例》

第四条　缴费单位、缴费个人应当按时足额缴纳社会保险费。

征缴的社会保险费纳入社会保险基金，专款专用，任何单位和个人不得挪用。

第十二条　缴费单位和缴费个人应当以货币形式全额缴纳社会保险费。

缴费个人应当缴纳的社会保险费，由所在单位从其本人工资中代扣代缴。社会保险费不得减免。

第十三条 缴费单位未按规定缴纳和代扣代缴社会保险费的，由劳动保障行政部门或者税务机关责令限期缴纳；逾期仍不缴纳的，除补缴欠缴数额外，从欠缴之日起，按日加收2‰的滞纳金。滞纳金并入社会保险基金。

第二十一条 任何组织和个人对有关社会保险费征缴的违法行为，有权举报。劳动保障行政部门或者税务机关对举报应当及时调查，按照规定处理，并为举报人保密。

法理荟萃

权利和义务都是对等的，没有无权利的义务，也没有无义务的权利，参加基本养老保险是每个企业和职工应有的权利，也是其应尽的义务。企业和员工必须依法按时足额缴纳社会保险费。

公司一直不上社保，过后还能补缴吗？

现实困惑

白某大学毕业后进入一家软件公司工作。应聘时，公司承诺会为员工上养社会。可是白某进入公司快两个月了，也没给办理社保。他找到公司负责人询问，该负责人说白某还处在试用期，等试用期满正式入职后才办理社保，白某听后也就没有再说什么。后来，白某等到试用期结束，又工作了一个多月，还是没等来公司给上社保的消息。白某觉得该公司信用太差于是提出辞职。那么，白某辞职后，公司一直不给上的社保还能补缴吗？

律师答疑

根据《社会保险费征缴暂行条例》第十三条规定，用人单位未按规定给员工上社保的，应被有关机关责令限期缴纳；逾期仍不缴纳的，除补缴欠缴数额外，还要缴纳滞纳金。由此可见，白某辞职后，对于公司应该给上但一直未上的社保，能够补缴，即白某原来的公司应该补缴公司应缴纳的部分费用，以及代扣代缴白某个人应缴纳的部分费用。此外需要注意的是，按照相关规定，如果劳动关系中断，则社会保险也应中断，所以职工必须有确凿的证据，证明与原单位存在劳动关系，才可以让单位补缴保险费。

法条链接

《社会保险费征缴暂行条例》

第四条 缴费单位、缴费个人应当按时足额缴纳社会保险费。

征缴的社会保险费纳入社会保险基金，专款专用，任何单位和个人不得挪用。

第十三条 缴费单位未按规定缴纳和代扣代缴社会保险费的，由劳动保险行政部门或者税务机关责令限期缴纳；逾期仍不缴纳的，除补缴欠缴数额外，从欠缴之日起，按日加收2‰的滞纳金。滞纳金并入社会保险基金。

第二十一条 任何组织和个人对有关社会保险费征缴的违法行为，有权举报。劳动保障行政部门或者税务机关对举报应当及时调查，按照规定处理，并为举报人保密。

法理荟萃

用人单位没有给职工缴纳社会保险的，职工可向单位提出补缴，必要时，可以向劳动保障行政部门进行举报。而企业应按照法律规定自觉给职工缴纳社会保险费，如有违反，应补缴相应的保险费，并将受到劳动保障行政部门或税务机关的处罚。

因工受伤后，工伤保险和医疗保险可以一起报吗？

现实困惑

小刘是某电子厂的工人，工作时被电流击伤，当场晕倒。他被送到医院后，经过及时抢救，脱离了生命危险。小刘的医疗费、康复费等均得到了工伤保险基金的支付。但小刘想到自己也参加了职工基本医疗保险，那么报完工伤保险后还可以报医疗保险吗？

律师答疑

根据我国《社会保险法》第三十条第一款第一项的规定，应当从工伤保险基金中支付的费用不纳入基本医疗保险基金支付范围。此外根据第三十八条规定，因工伤发生的下列费用，按照国家规定从工伤保险基金中支付：（一）治疗工伤的医疗费用和康复费用；（二）住院伙食补助费；（三）到统筹地区以外就医的交通食宿费；（四）安装配置伤残辅助器具所需费用；（五）生活不能自理的，经劳动能力鉴定委员会确认的生活护理费；（六）一次性伤残补助金和一至四级伤残职工按月领取的伤残津贴；（七）终止或者解除劳动合同时，应当享受的一次性医疗补助金；（八）因工死亡的，其遗属领取的丧葬补助金、供养亲属抚恤金和因工死亡补助金；（九）劳动能力鉴定费。因此，已经从工伤保险基金中支付的金额是不能再报销医疗保险的，小刘不可贪心得双份报销款。

法条链接

《中华人民共和国社会保险法》

第三十条第一款 下列医疗费用不纳入基本医疗保险基金支付范围：
（一）应当从工伤保险基金中支付的；

（二）应当由第三人负担的；

（三）应当由公共卫生负担的；

（四）在境外就医的。

第三十八条 因工伤发生的下列费用，按照国家规定从工伤保险基金中支付：

（一）治疗工伤的医疗费用和康复费用；

（二）住院伙食补助费；

（三）到统筹地区以外就医的交通食宿费；

（四）安装配置伤残辅助器具所需费用；

（五）生活不能自理的，经劳动能力鉴定委员会确认的生活护理费；

……

法理荟萃

社会保险是用来保障和维护公民最基本利益的，而非人们用来赢利的手段。因此，当遇到应当报销工伤保险的情形时，医疗报销不能再给予报销。

单位没有给职工缴纳基本医疗保险费，那么职工该怎样报销患病的医疗费呢？

现实困惑

某日，公司职工何某突发疾病晕厥，被室友送去医院救治后，花去医疗费用1万多元。何某出院后，想着医疗保险应该能给报销一部分医疗费，于是前去咨询相关手续。谁知，何某住院时，由于他没有医保，室友给他用全自费办理的住院手续。医院告诉他，如果有医保，会实时办理结算报销，不必出院后再来办理报销。何某平时几乎没去过医院，他想知道，因用人单位没有给职工缴纳基本医疗保险费，那么职工该怎样报销患病的医疗费呢？

律师答疑

何某可以向公司主张赔偿其因患病治疗的医疗费。依据《社会保险法》第二十三条第一款的规定，职工应当参加职工基本医疗保险，由用人单位和职工按照国家规定共同缴纳基本医疗保险费。也就是说，给职工缴纳及代扣代缴医疗保险费是用人单位的一项法定义务，如果其没有给职工上医保，属违法。那么，由于用人单位没给职工上医疗保险，致使职工患病无法享有基本医疗保险待遇的，应由用人单位承担赔偿基本医疗保险规定的应由基本医疗保险基金支付的医疗费用的责任。因此，由于公司的原因致使何某未参加基本医疗保险，那么，他可以就应该报销的医疗费用向其单位主张赔偿。

法条链接

《中华人民共和国社会保险法》

第二十三条第一款 职工应当参加职工基本医疗保险，由用人单位和职工按照国家规定共同缴纳基本医疗保险费。

法理荟萃

由于用人单位的原因致使职工未能参加基本医疗保险，造成患病职工无法享受基本医疗保险待遇的，用人单位应当承担相应的赔偿责任，按照法律规定支付本应由基本医疗保险基金支付的医疗费用。

公司还需要为因工伤退出工作岗位的员工缴纳基本医疗保险费吗？

现实困惑

丁某是某钢铁厂的工人。某日，丁某在工作时，正好被高处掉下来的一铁架子砸到腿，立即被在场的工作人员送到医院。虽然经过医院的治疗，但是丁某的腿已经残废不能再进行工作。丁某被认定为工伤，同时被鉴定为伤残。厂里经与丁某商量，作出决定：让丁某退出当前工作岗位，待厂接待室的老孙退休后接替老孙工作。而丁某退出工作岗位后，厂里就没有再为其缴纳基本医疗保险费。丁某找到厂里问为什么没有继续缴纳，而厂里的答复是丁某已经退出了工作岗位，厂里就没有义务再为其缴纳基本医疗保险了。那么，厂里的说法符合法律规定吗？

律师答疑

厂里的说法不符合法律的规定，厂里应该继续为丁某缴纳基本医疗保险费。本案中丁某只是退出工作岗位，并没有与厂方解除劳动合同关系，双方的劳动关系还是继续存在的，因此丁某仍然属于钢铁厂的职工，厂里当然应该为其缴纳基本医疗保险费。依据《工伤保险条例》第三十三条第一款的规定：职工因工作遭受事故伤害或者患职业病需要暂停工作接受工伤医疗的，在停工留薪期内，原工资福利待遇不变，由所在单位按月支付。根据《国务院关于建立城镇职工基本医疗保险制度的决定》第一条规定，企业及其职工应该参加基本医疗保险。所以，钢铁厂应该继续为丁某缴纳基本医疗保险费。

法条链接

《工伤保险条例》

第三十三条第一款 职工因工作遭受事故伤害或者患职业病需要暂停工

作接受工伤医疗的，在停工留薪期内，原工资福利待遇不变，由所在单位按月支付。

《国务院关于建立城镇职工基本医疗保险制度的决定》

第一条第二款 建立城镇职工基本医疗保险制度的原则是：基本医疗保险的水平要与社会主义初级阶段生产力发展水平相适应；城镇所有用人单位及其职工都要参加基本医疗保险，实行属地管理；基本医疗保险费由用人单位和职工双方共同负担；基本医疗保险基金实行社会统筹和个人账户相结合。

法理荟萃

职工退出工作岗位，而没有与厂方解除劳动合同关系的，用人单位应当依法继续给职工缴纳基本医疗保险。退出工作岗位与解除劳动合同关系是两回事，应当严格加以区分。

职工发生工伤事故，公司却没有为其上工伤保险，可以要求公司赔偿医疗费吗？

现实困惑

某日李某在工作时，因铁架子不稳，从6米高的地方掉了下来。经过医院诊断，李某多处骨折，在医院里躺了三四个月。李某知道，他受的是工伤，但公司却迟迟不为其办理工伤认定申请。原来，公司压根儿没有为李某上工伤保险。后来，李某以公司没有为职工其上工伤保险为由向当地劳动争议仲裁委员会提出申诉，要求公司赔偿给他医疗费、继续治疗费等多项费用。请问，李某的要求会得到支持吗？

律师答疑

根据《工伤保险条例》的第六十二条和《社会保险法》第四十一条的规

定，应当参加工伤保险而未参加工伤保险的用人单位职工发生工伤的，由该用人单位承担相应的工伤保险待遇。

在本案中，李某所在公司有义务为李某购买工伤保险，但没有购买，使得李某在因工负伤后无法享受工伤保险待遇。在这种情况下，应该由公司按照法律规定的工伤保险待遇项目和标准支付费用。所以，李某的要求能够得到支持。

法条链接

《工伤保险条例》

第六十二条　用人单位依照本条例规定应当参加工伤保险而未参加的，由社会保险行政部门责令限期参加，补缴应当缴纳的工伤保险费，并自欠缴之日起，按日加收万分之五的滞纳金；逾期仍不缴纳的，处欠缴数额1倍以上3倍以下的罚款。

依照本条例规定应当参加工伤保险而未参加工伤保险的用人单位职工发生工伤的，由该用人单位按照本条例规定的工伤保险待遇项目和标准支付费用。

用人单位参加工伤保险并补缴应当缴纳的工伤保险费、滞纳金后，由工伤保险基金和用人单位依照本条例的规定支付新发生的费用。

《中华人民共和国社会保险法》

第四十一条　职工所在用人单位未依法缴纳工伤保险费，发生工伤事故的，由用人单位支付工伤保险待遇。用人单位不支付的，从工伤保险基金中先行支付。

从工伤保险基金中先行支付的工伤保险待遇应当由用人单位偿还。用人单位不偿还的，社会保险经办机构可以依照本法第六十三条①的规定追偿。

---

① 《中华人民共和国社会保险法》
第六十三条　用人单位未按时足额缴纳社会保险费的，由社会保险费征收机构责令其限期缴纳或者补足。
用人单位逾期仍未缴纳或者补足社会保险费的，社会保险费征收机构可以向银行和其他金融机构查询其存款账户；并可以申请县级以上有关行政部门作出划拨社会保险费的决定，书面通知其开户银行或者其他金融机构划拨社会保险费。用人单位账户余额少于应当缴纳的社会保险费的，社会保险费征收机构可以要求该用人单位提供担保，签订延期缴费协议。
用人单位未足额缴纳社会保险费且未提供担保的，社会保险费征收机构可以申请人民法院扣押、查封、拍卖其价值相当于应当缴纳社会保险费的财产，以拍卖所得抵缴社会保险费。

法理荟萃

用人单位没有为职工购买工伤保险,职工负工伤后,其所在单位应当对其承担赔偿责任,依法按照《工伤保险条例》规定的工伤保险待遇项目和标准向职工支付相关费用。这既是对职工合法权益的保护,更是对不遵纪守法企业的惩罚。

职工不接受劳动能力鉴定,其享受的工伤待遇会被停止吗?停止后能恢复吗?

现实困惑

小江在一家机械厂上班,在一次工作中不慎弄伤胳膊,经医院诊断为骨裂。事后,该机械厂为小江申请工伤认定,当进行劳动能力鉴定的时候,小江却不配合。那么,该行为会导致小江的工伤待遇被停止吗?停止后还能恢复吗?

律师答疑

《工伤保险条例》第四十二条规定,工伤职工拒不接受劳动能力鉴定的,停止享受工伤保险待遇。劳动能力鉴定能够查明劳动者丧失劳动能力的程度,是享受相应的工伤保险待遇的依据。小江这种不配合的行为会导致对自己不利的后果,即被停止享受工伤保险待遇。但是,根据《人力资源社会保障部关于执行〈工伤保险条例〉若干问题的意见》第十一条规定:"依据《条例》第四十二条的规定停止支付工伤保险待遇的,在停止支付待遇的情形消失后,自下月起恢复工伤保险待遇,停止支付的工伤保险待遇不予补发。"因此,如果小江能够配合做劳动能力鉴定,则可以继续享受工伤保险待遇,但其因此停发的工伤保险待遇却无法再予补发。

法条链接

《工伤保险条例》

第四十二条 工伤职工有下列情形之一的，停止享受工伤保险待遇：

（一）丧失享受待遇条件的；

（二）拒不接受劳动能力鉴定的；

（三）拒绝治疗的。

《人力资源社会保障部关于执行〈工伤保险条例〉若干问题的意见》

第十一条 依据《条例》第四十二条的规定停止支付工伤保险待遇的，在停止支付待遇的情形消失后，自下月起恢复工伤保险待遇，停止支付的工伤保险待遇不予补发。

法理荟萃

享受工伤保险待遇虽然是职工的法定权利，但是职工应该依法积极配合劳动能力鉴定，以保障自己的该项权利。如果职工自己不积极作为，可能会导致自己承担不利的法律后果。

用人单位不承认职工工伤，由谁负证明责任？

现实困惑

老蒋是某公司的老员工了，为锻炼身体都是步行上班。某日，老蒋像往常一样步行上班，途中不幸发生交通事故，经过交通部门鉴定老蒋承担次要责任。老蒋因此不能再参加工作，想让公司申请工伤，但是公司认为老蒋是在公司外面受的伤，不承认是工伤。那么，公司不承认老蒋受的伤是工伤，谁来负责证明呢？

律师答疑

《工伤保险条例》第十四条规定，职工在上下班途中，受到非本人主要责任的交通事故或者城市轨道交通、客运轮渡、火车事故伤害的应当认定为工伤。老蒋在上班途中发生交通事故并且在事故中负次要责任，老蒋的情况符合工伤的条件，如果用人单位不承认，则应该由用人单位承担举证责任。其法律依据是《工伤保险条例》第十九条的规定："职工或者其近亲属认为是工伤，用人单位不认为是工伤的，由用人单位承担举证责任。"

法条链接

《工伤保险条例》

第十四条 职工有下列情形之一的，应当认定为工伤：

……

（六）在上下班途中，受到非本人主要责任的交通事故或者城市轨道交通、客运轮渡、火车事故伤害的；

……

第十九条 社会保险行政部门受理工伤认定申请后，根据审核需要可以对事故伤害进行调查核实，用人单位、职工、工会组织、医疗机构以及有关部门应当予以协助。职业病诊断和诊断争议的鉴定，依照职业病防治法的有关规定执行。对依法取得职业病诊断证明书或者职业病诊断鉴定书的，社会保险行政部门不再进行调查核实。

职工或者其近亲属认为是工伤，用人单位不认为是工伤的，由用人单位承担举证责任。

法理荟萃

职工在上下班途中的这段时间属于工作时间的正常延续，因此，职工在该段时间内受到非本人主要责任的交通事故或者城市轨道交通、客运轮渡、火车事故伤害的，也应当认定为工伤。在单位不认可工伤的情况下，赋予单位承担举证责任，是对员工这一弱势群体的又一有力的保护。

可以从员工的工资里扣除工伤保险费吗？

现实困惑

刘某大学毕业后，进入一家公司工作。刘某工作近半年，在一次和同事聊天时无意中得知，员工的工伤保险是从员工的工资中扣除的。当时刘某和公司签订的合同是两年，合同期满后，公司决定不再与他续约。刘某同意，但是他要求公司支付给他这两年来被公司所扣除的工伤保险费用的工资。请问，公司可以从刘某的工资中扣除工伤保险费吗？

律师答疑

公司要返还所扣的刘某用于工伤保险的工资。工伤保险是为了化解用人单位工伤风险而设计的一种制度。我国法律规定，用人单位必须为员工参加工伤保险，且保费应由用人单位缴纳。这是法律的强制性规定，用人单位不得以劳动合同排除。因此，本案中公司必须退还刘某用于缴纳工伤保险费的工资。

法条链接

《工伤保险条例》

第十条第一款　用人单位应当按时缴纳工伤保险费。职工个人不缴纳工伤保险费。

《中华人民共和国社会保险法》

第三十三条　职工应当参加工伤保险，由用人单位缴纳工伤保险费，职工不缴纳工伤保险费。

法理荟萃

用人单位为员工缴纳工伤保险是其一项法定义务，全部保费都应当由用人单位支付，用人单位不能将法定的义务转嫁到劳动者身上。

没有劳动合同，是否还能认定为工伤？

现实困惑

王某在一家机器厂上班，因操作机器不慎，绞断手指。事后，王某找到该机器厂请求享受工伤待遇，但是，该工厂以双方没有签订书面劳动合同为由拒绝了王某的请求。王某不解，找到相关法律人员寻求帮助。请问，王某没有与该厂签订劳动合同，是否还能认定工伤？

律师答疑

只要王某能够证明与该工厂存在事实上的劳动关系，即使没有书面劳动合同，也能被认定为工伤。所谓事实劳动关系，是指用人单位招用劳动者后不按规定订立劳动合同，或者用人单位与劳动者以前签订过劳动合同，但是劳动合同到期后，用人单位同意劳动者继续在本单位工作，却没有与其及时续订劳动合同的情况。在事实劳动关系中，劳动者享有劳动保障法律法规所规定的一切权利，包括工伤保险待遇。因此，只要王某在申请工伤认定时能够向人社部门提供事实劳动关系存在的证明材料（如录用登记表、考勤表、工资单等）或者相关人证（如同事），就可以进行工伤认定，并依法享受工伤保险待遇。

法条链接

《工伤保险条例》

第二条第二款 中华人民共和国境内的企业、事业单位、社会团体、民办非企业单位、基金会、律师事务所、会计师事务所等组织的职工和个体工商户的雇工，均有依照本条例的规定享受工伤保险待遇的权利。

第十八条 提出工伤认定申请应当提交下列材料：

（一）工伤认定申请表；

（二）与用人单位存在劳动关系（包括事实劳动关系）的证明材料；

（三）医疗诊断证明或者职业病诊断证明书（或者职业病诊断鉴定书）。

工伤认定申请表应当包括事故发生的时间、地点、原因以及职工伤害程度等基本情况。

工伤认定申请人提供材料不完整的，社会保险行政部门应当一次性书面告知工伤认定申请人需要补正的全部材料。申请人按照书面告知要求补正材料后，社会保险行政部门应当受理。

法理荟萃

事实劳动关系只是缺乏有效的书面劳动合同这一形式要件，但是这并不能影响劳动关系的成立。在事实劳动关系中，劳动者享有劳动保障法律法规所规定的一切权利。

申报工伤有期限规定吗？

现实困惑

小孟在一次工作中受伤，但公司的工作人员因为其他事情把申报工伤的事情耽搁了。一年后，小孟找到公司负责人要求支付工伤补贴等，但是公司却不认可,认为事情已经过了一年多了,已经超过了申报工伤的期限。请问,该公司的说法合理吗?

律师答疑

小孟的工伤请求不能得到认可,但是应该由其单位来承担小孟工伤补贴的相关费用。根据我国《工伤保险条例》的规定,用人单位申请工伤认定的,应当自伤害事故发生之日起或者被诊断、鉴定为职业病之日起30日内提出;劳动者本人或者其近亲属、工会提出申请的,应当在劳动者在受伤后1年内提出。过了上述时限再申报,劳动部门不会受理,劳动者无法享有工伤待遇。本案中,小孟申报工伤已过法定时限,不会得到相关部门的受理。但是《工伤保险条例》又规定,用人单位未在法律规定的时限内提交工伤认定申请,在此期间发生符合本条例规定的工伤待遇等有关费用由该用人单位负担。所以,公司的说法合理,只是公司需要承担小孟工伤补贴等相关费用。

法条链接

《工伤保险条例》

第十七条 职工发生事故伤害或者按照职业病防治法规定被诊断、鉴定为职业病,所在单位应当自事故伤害发生之日或者被诊断、鉴定为职业病之日起30日内,向统筹地区社会保险行政部门提出工伤认定申请。遇有特殊情况,经报社会保险行政部门同意,申请时限可以适当延长。

用人单位未按前款规定提出工伤认定申请的,工伤职工或者其近亲属、工会组织在事故伤害发生之日或者被诊断、鉴定为职业病之日起1年内,可以直接向用人单位所在地统筹地区社会保险行政部门提出工伤认定申请。

按照本条第一款规定应当由省级社会保险行政部门进行工伤认定的事项,根据属地原则由用人单位所在地的设区的市级社会保险行政部门办理。

用人单位未在本条第一款规定的时限内提交工伤认定申请,在此期间发生符合本条例规定的工伤待遇等有关费用由该用人单位负担。

法理荟萃

用人单位未在法律规定的时限内提交工伤认定申请，其行为影响到受伤职工依法享受工伤保险待遇，因此在此期间发生符合《工伤保险条例》规定的工伤待遇等有关费用由该用人单位负担。

所有的失业人员都可以领取失业保险金吗？

现实困惑

苏某大学毕业后，经人介绍进入一家投资公司工作。工作中，苏某经常迟到早退、无故请假。劳动合同到期后，公司决定不再与苏某续约。事后，苏某就向当地社会保险经办机构进行了失业登记。后来工作人员给苏某打电话，通知其有合适的工作机会或者有相关的职业培训时，苏某总是以各种借口拒绝。不久，苏某被告知，其无法再继续享受相关失业保险待遇。请问，这种说法正确吗？

律师答疑

失业保险金是国家给予失业人员在失业期间的一种临时性补偿，领取失业保险金必须符合法律规定的相关条件。我国《社会保险法》第四十五条规定："失业人员符合下列条件的，从失业保险基金中领取失业保险金：（一）失业前用人单位和本人已经缴纳失业保险费满一年的；（二）非因本人意愿中断就业的；（三）已经进行失业登记，并有求职要求的。"上述条件必须同时具备，才可以领取失业保险金，享受失业保险待遇。而本案中，当事人苏某虽然符合第一项和第二项的规定，也进行了失业登记，但由于其多次不接受当地人社部门提供的就业机会和职业培训，事实上属于没有求职要求，因此，社会保险经办机构有权停止发放苏某的失业保险金，并同时停止其享受其他失业保险待遇。

法条链接

《中华人民共和国社会保险法》

第四十五条　失业人员符合下列条件的，从失业保险基金中领取失业保险金：

（一）失业前用人单位和本人已经缴纳失业保险费满一年的；

（二）非因本人意愿中断就业的；

（三）已经进行失业登记，并有求职要求的。

法理荟萃

失业保险金是国家给予失业人员在失业期间的一种临时性补偿，旨在保障失业人员在此期间的基本生活。并非所有的失业人员都可以申领失业保险金，领取失业保险金必须符合法律规定的相关条件。

可以领取失业保险金的期限是多久？

现实困惑

左某自从毕业以后一直在一家网络公司上班，到第四年年初的时候，因为工作上的关系被公司辞退。事过半年多，左某找到了新的工作，可是不久因为工作失误，又被解雇。后来，左某到市社会保险经办机构领取失业保险金时，工作人员告诉左某，他还能领取5个月的失业保险金，因为在之前已经领取了7个月的了，而左某总共只能领取一年的。请问，该说法对吗？失业保险金到底可以领取多久？

律师答疑

左某确实只能申领一年的失业保险金。后来又再次参加工作的，其重新就业后的保险费缴纳时间是应当重新计算的。我国《社会保险法》第四十六条规定："失业人员失业前用人单位和本人累计缴费满一年不足五年的，领取失业保险金的期限最长为十二个月……重新就业后，再次失业的，缴费时间重新计算，领取失业保险金的期限与前次失业应当领取而尚未领取的失业保险金的期限合并计算，最长不超过二十四个月。"本案中的左某属于累计缴费满一年不足五年的情形，最长可以领取一年的社会保障金，社会保险经办机构的说法是正确的。

法条链接

《中华人民共和国社会保险法》

第四十六条 失业人员失业前用人单位和本人累计缴费满一年不足五年的，领取失业保险金的期限最长为十二个月；累计缴费满五年不足十年的，领取失业保险金的期限最长为十八个月；累计缴费十年以上的，领取失业保险金的期限最长为二十四个月。重新就业后，再次失业的，缴费时间重新计算，领取失业保险金的期限与前次失业应当领取而尚未领取的失业保险金的期限合并计算，最长不超过二十四个月。

法理荟萃

领取失业保险金的具体期限应当参照法律法规的具体规定确定。此外，法律规定了领取失业保险金的最长期限，在一定程度上也体现了督促劳动者再就业的初衷，毕竟一个人不能靠领取失业保险金生活终生。

职工主动辞职，还能领取到失业保险金吗？

现实困惑

董某进入到一家私企工作，签订了三年的劳动合同。两年后，董某觉得自己在这家公司没有什么大发展，决定辞职。董某辞职后来到市失业保险经办机构申领失业保险金。可是工作人员却告诉董某其无法享受相关失业保险待遇。董某认为，自己明明依法缴纳了失业保险费，为什么现在却不能够享受了。董某希望得到一个合理的解释。

律师答疑

根据《社会保险法》第四十五条第二项的规定，非因本人意愿中断就业是失业人员领取失业保险金的条件之一。而在本案中，董某是由于自己主观的意向，主动向原企业提出解除劳动合同申请的，不满足享受失业保险待遇的条件。

法条链接

《中华人民共和国社会保险法》

第四十五条 失业人员符合下列条件的，从失业保险基金中领取失业保险金：

（一）失业前用人单位和本人已经缴纳失业保险费满一年的；

（二）非因本人意愿中断就业的；

（三）已经进行失业登记，并有求职要求的。

法理荟萃

由于自己的主观意向，而主动向原企业提出解除劳动合同申请的，不符合享受失业保险待遇的条件。

男性也享有生育保险吗？

现实困惑

钱某大学毕业后，进入一家企业上班。入职后，单位为钱某办理了养老保险、医疗保险、失业保险、工伤保险、住房公积金。钱某找到单位负责人，要求给他办理生育保险，遭到拒绝。该单位认为生育保险都是针对女性的，男性不需要办理。钱某认为男女平等，男性也同样需要办理生育保险。那么，钱某的说法正确吗？

律师答疑

钱某的说法是正确的，他有权要求单位为其办理生育保险。生育保险是国家通过立法保护职工与其婴儿在产前、产后的全部假期内得到支持和照顾而制定的一项社会保险制度。员工只要与用人单位签订劳动合同或形成事实劳动关系，不分男女均应参加生育保险。该单位的观点是错误的，根据我国《社会保险法》第五十三条和第五十四条的规定，职工应当参加生育保险，由用人单位按照国家规定缴纳生育保险费，职工不缴纳生育保险费。用人单位已经缴纳生育保险费的，其职工享受生育保险待遇；职工未就业配偶按照国家规定享受生育医疗费用待遇。所需资金从生育保险基金中支付。因此，钱某的单位应该为钱某办理生育保险，如钱某的配偶未就业的，其配偶就可以按照国家规定享受生育医疗费用待遇。

法条链接

《中华人民共和国社会保险法》

第五十三条　职工应当参加生育保险，由用人单位按照国家规定缴纳生育保险费，职工不缴纳生育保险费。

第五十四条　用人单位已经缴纳生育保险费的，其职工享受生育保险待遇；职工未就业配偶按照国家规定享受生育医疗费用待遇。所需资金从生育保险基金中支付。

生育保险待遇包括生育医疗费用和生育津贴。

法理荟萃

男性生育权间接表现在其配偶身上。法律规定生育保险待遇的受益主体包括参保的职工以及参保职工的未就业配偶。

第六章　劳动合同的履行与变更
——劳动合同需要履行，也能变化

口头变更的劳动合同就当然无效吗？

现实困惑

祁某于2020年5月到某公司应聘，与公司签订了为期3年的劳动合同，从事数据控制方面的工作。2022年11月，公司对车间职工进行优化淘汰投票，约定最后三名职工将被调到装卸车间工作。祁某被选中，并在汇总表上签字确认。12月初，祁某正式到装卸车间上班，一直工作到2023年6月。祁某听朋友说，单位变更合同应采用书面形式，否则属于无效，单位应承担相应的法律责任。那么该说法正确吗？

律师答疑

《劳动合同法》第三十五条规定："用人单位与劳动者协商一致，可以变更劳动合同约定的内容。变更劳动合同，应当采用书面形式。"虽然口头变更并不一定具有法律约束力，但由于在具体的用工过程中，一些用人单位仅采用口头形式变更与劳动者的劳动合同，且长期实际履行的情形远非个别。如果全盘否定，既不利于维护稳定的劳动关系，也不利于维护劳动者的合法权益。因此，《最高人民法院关于审理劳动争议案件适用法律问题的解释（一）》第四十三条明确规定未采用书面形式变更劳动合同却发生法律效力的情形。本案中，祁某在汇总表上签字确认，相当于双方协商一致变更了原劳动合同内容，且祁某已实际履行了变更后的合同超过一个月。因此，变更劳动合同有效。

法条链接

《中华人民共和国合同法》

第三十五条　用人单位与劳动者协商一致，可以变更劳动合同的内容。变更劳动合同，应当采用书面形式。

《最高人民法院关于审理劳动争议案件适用法律问题的解释（一）》

第四十三条　用人单位与劳动者协商一致变更劳动合同，虽未采用书面形式，但已经实际履行了口头变更的劳动合同超过一个月，变更后的劳动合同内容不违反法律、行政法规且不违背公序良俗，当事人以未采用书面形式为由主张劳动合同变更无效的，人民法院不予支持。

法理荟萃

口头变更劳动合同并非一定没有法律约束力，劳动合同变更也可以采取实际履行变更原则时，但仍需以双方协商一致变更为前提。

用人单位可因劳动者拒绝加班而扣发工资吗？

现实困惑

某玩具厂签订了一批订货合同。由于这批合同要求的订货量较大，交货时间紧迫，所以厂长决定全厂职工近两月在周六加班。有一些职工因为要照顾孩子，很难做到周六加班，遂向领导反映。虽经协商但双方没有达成一致意见。于是，这些员工就到点自行下班，不执行厂里的加班决定。厂领导遂决定扣发这些员工的工资。玩具厂的做法是违法的吗？

律师答疑

玩具厂的做法违反了《劳动合同法》第三十一条的规定。用人单位要严格地执行劳动定额标准，不能随意安排加班。如果确实有必要安排加班，要与职工协商，并且支付相应的加班费。本案中玩具厂与职工协商未果，不得以扣发工资的手段强迫职工加班。

法条链接

《中华人民共和国劳动合同法》

第三十一条 用人单位应当严格执行劳动定额标准，不得强迫或者变相强迫劳动者加班。用人单位安排加班的，应当按照国家有关规定向劳动者支付加班费。

《中华人民共和国劳动法》

第四十一条 用人单位由于生产经营需要，经与工会和劳动者协商后可以延长工作时间，一般每日不得超过一小时；因特殊原因需要延长工作时间的，在保障劳动者身体健康的条件下延长工作时间每日不得超过三小时，但是每月不得超过三十六小时。

第四十三条 用人单位不得违反本法规定延长劳动者的工作时间。

第九十条 用人单位违反本法规定，延长劳动者工作时间的，由劳动行政部门给予警告，责令改正，并可以处罚款。

法理荟萃

在标准工作时间以外延长劳动者工作时间和休息日、法定休假日安排劳动者工作，都是占用了劳动者的休息时间，应当严格加以限制。并且，加班要取得劳动者的同意，如果劳动者不同意加班，用人单位不得因此采取扣工资等手段"惩罚"劳动者。

非全日制用工每天都要工作吗？

现实困惑

某快餐连锁企业雇佣了大量兼职人员。这些兼职人员一般与该企业签订非全日制劳动协议，约定工资以小时计算。他们每天工作4小时至8小时不等，平均每工作4小时，安排休息15分钟，吃饭的时间也包括在内。非全日制用工每天都要工作吗？

律师答疑

非全日制用工与一般的劳动合同关系有显著的不同，其中，较为明显的就是劳动时间的不同。按照规定，非全日制用工的劳动时间平均每日不得超过4小时，每周累计不得超过24小时。法律没有明确规定非全日制用工每天都要工作，只是对每天工作时间的上限作出了规定。此外，需要注意的是，这里规定的工作时间是指在同一用人单位累计的工作时间。本案中，该快餐企业对职工要求的工作时间违反了相关的法律规定，应当尽快作出调整。

法条链接

《中华人民共和国劳动合同法》

第六十八条　非全日制用工，是指以小时计酬为主，劳动者在同一用人单位一般平均每日工作时间不超过四小时，每周工作时间累计不超过二十四小时的用工形式。

法理荟萃

非全日制用工与全日制用工相比，尽管工作时间长短不同，具体适用规则也有所不同，但是在非全日制用工与全日制用工中，劳动者与用人单位之间形成的都是劳动关系，依法适用《劳动法》《劳动合同法》等相关规定。

非全日制用工的薪酬是如何计算的？

现实困惑

陈某是某商贸公司的兼职业务员，他没有固定的工作时间和工作地点，每天都不一样，薪金按照一月一结算有些不合适，那么可以按照小时来计算吗？

律师答疑

陈某属于非全日制用工。按照《劳动合同法》第六十八条的规定，非全日制用工，以小时计酬为主，但也不排除其他合理的计算方式。尽管是按小时计酬，但是每小时的酬金不能低于用人单位所在地人民政府规定的最低小时工资标准。陈某的工资当然可以以小时来计算。

法条链接

《中华人民共和国劳动合同法》

第六十八条 非全日制用工，是指以小时计酬为主，劳动者在同一用人单位一般平均每日工作时间不超过四小时，每周工作时间累计不超过二十四小时的用工形式。

第七十二条 非全日制用工小时计酬标准不得低于用人单位所在地人民政府规定的最低小时工资标准。

非全日制用工劳动报酬结算支付周期最长不得超过十五日。

劳动合同的履行与变更
第六章

法理荟萃

非全日制用工的用人单位应当按时足额支付非全日制劳动者的工资，所支付的小时工资不得低于用人单位所在地人民政府规定的小时最低工资标准。

企业与职工在劳动合同中约定加班，合法吗？

现实困惑

某食品厂经常要求员工在周六日克服生活困难在厂内加班。郑某多次向厂里提出意见，要求厂里根据职工的实际情况适当改变一下加班方案，均被厂里拒绝，郑某一气之下，按照厂里规章规定的工作时间上班，到点就自行下班，拒绝执行厂里的加班决定。该厂总经理拿出与郑某的劳动合同，指出其中明确约定了，如果厂里生产任务紧，郑某将无条件服从厂里的加班安排。现在郑某不依合同办事，违反了合同约定，依约应将郑某解雇。那么食品厂有权因此解雇郑某吗？

律师答疑

《劳动法》第三十六条规定："国家实行劳动者每日工作时间不超过8小时、平均每周工作时间不超过44小时的工时制度。"工作时间制度是保护劳动者身体健康和劳动过程中生产效率以及安全的重要制度，任何单位和个人不得擅自延长职工工作时间。因特殊情况和紧急任务确需延长工作时间的，按照国家有关规定执行。该食品厂既没有同工会协商，也没有与劳动者协商，就自行作出决定延长职工的工作时间，不符合法定程序。该厂总经理指出郑某与厂里签订的劳动合同中明确约定了，如果厂里生产任务紧，郑某将无条件服从厂里的加班安排，但此约定明显违反了"加班前与工会和劳动者协商"的法律规定。根据《劳动合同法》第二十六条规定，违反法律、行政法规强制性规定的条款无效，所以加班安排一条无效，厂里无权解雇郑某。

法条链接

《中华人民共和国劳动法》

第三十六条　国家实行劳动者每日工作时间不超过八小时、平均每周工作时间不超过四十四小时的工时制度。

第四十一条　用人单位由于生产经营需要，经与工会和劳动者协商后可以延长工作时间，一般每日不得超过一小时；因特殊原因需要延长工作时间的在保障劳动者身体健康的条件下延长工作时间每日不得超过三小时，但是每月不得超过三十六小时。

第四十三条　用人单位不得违反本法规定延长劳动者的工作时间。

第九十条　用人单位违法延长工作时间，可由行政部门责令改正，并处以罚款。

《中华人民共和国劳动合同法》

第二十六条　下列劳动合同无效或者部分无效：

（一）以欺诈、胁迫的手段或者乘人之危，使对方在违背真实意思的情况下订立或者变更劳动合同的；

（二）用人单位免除自己的法定责任、排除劳动者权利的；

（三）违反法律、行政法规强制性规定的。

对劳动合同的无效或者部分无效有争议的，由劳动争议仲裁机构或者人民法院确认。

法理荟萃

为了保障劳动者的休息权和身体健康，我国严格限制用人单位延长劳动者的工作时间，法律明确规定用人单位不得违反劳动法的规定延长劳动者的工作时间。

被原公司领导安排到其他公司工作的，如何计算工作年限？

现实困惑

李某在某公司工作已经八年了。某公司以自己为股东设立新的公司，新的公司需要有经验的人过去指导工作。经过公司领导决定，李某被派往新的公司工作。按照《劳动合同法》的规定，李某再工作两年，就可以提出与该公司订立无固定期限的劳动合同，现在被派往其他公司工作，如何计算工作年限？

律师答疑

《劳动合同法实施条例》第十条规定："劳动者非因本人原因从原用人单位被安排到新用人单位工作的，劳动者在原用人单位的工作年限合并计算为新用人单位的工作年限……"李某因服从原用人单位的安排被派往新的用人单位工作，其在原用人单位工作的八年合并计入新用人单位的工作年限。

法条链接

《中华人民共和国劳动合同法实施条例》

第十条 劳动者非因本人原因从原用人单位被安排到新用人单位工作的，劳动者在原用人单位的工作年限合并计算为新用人单位的工作年限。原用人单位已经向劳动者支付经济补偿的，新用人单位在依法解除、终止劳动合同计算支付经济补偿的工作年限时，不再计算劳动者在原用人单位的工作年限。

法理荟萃

劳动者在用人单位享有的福利待遇及其他合法权益，与其在单位的工作年限有密切关系。非劳动者本人原因导致劳动者所在的用人单位发生变动，该变动产生的不利后果不应由劳动者承担。

公司注册地与实际工作地不一致的，工资应该参照哪个地区的标准？

现实困惑

张某参加一家公司的面试，后得知该公司的注册地与他实际上班的地点不一致。张某实际工作地对劳动者相关的待遇等比该公司的注册地高，张某的待遇应该参照哪个地区标准？

律师答疑

根据《劳动合同法实施条例》第十四条规定，一般情况下，劳动合同履行地与用人单位注册地不一致的，有关劳动者的最低工资标准、劳动保护、劳动条件、职业危害防护和本地区上年度职工月平均工资标准等事项，按照劳动合同履行地的有关规定执行。但是，如果用人单位注册地的有关标准高于劳动合同履行地的有关标准，且用人单位与劳动者约定按照用人单位注册地的有关规定执行的，那么就按用人单位注册地的标准执行。张某实际工作地，即劳动合同履行地的待遇高，那其所享受的相关待遇应当参照他实际工作地的有关规定执行。

法条链接

《中华人民共和国劳动合同法实施条例》

第十四条 劳动合同履行地与用人单位注册地不一致的，有关劳动者的最低工资标准、劳动保护、劳动条件、职业危害防护和本地区上年度职工月平均工资标准等事项，按照劳动合同履行地的有关规定执行；用人单位注册地的有关标准高于劳动合同履行地的有关标准,且用人单位与劳动者约定按照用人单位注册地的有关规定执行的,从其约定。

法理荟萃

劳动者在劳动合同履行地执行劳动任务,其享有的合法权益一般按照劳动合同履行地的规定执行。但是如果用人单位注册地待遇比较高,双方约定采用比较高的用人单位注册地标准的,法律予以认可。

劳动者开始领养老保险后,劳动合同还有用吗?

现实困惑

陈某是某公司的一名员工。2019年应陈某申请,公司为其办理了内退手续,陈某开始享受内退待遇。公司和陈某签订了内退协议,双方约定,内退协议至陈某达到法定退休年龄(60周岁)时终止。2022年陈某达到退休年龄,公司停止了其内退待遇,陈某开始领取养老保险。可陈某认为当初签订的内退协议违法,自己虽然到了60岁,但与用人单位签订的劳动合同还没有到期,就被用人单位"辞退",属于被违法解雇,单位要承担赔偿责任,或者至少应该对其进行工龄补偿。那么像陈某这种已经开始领取养老保险的劳动者,没有到期的劳动合同还有用吗?

律师答疑

职工到了退休年龄,就算双方签订的劳动合同还没有到期,该劳动合同也已经终止。根据我国《劳动合同法》第四十四条第二款的规定,劳动者开始依法享受基本养老保险待遇的,劳动合同终止。所以案例中陈某认为,自己虽然到了60岁,但与用人单位签订的劳动合同还没有到期,就被用人单位"辞退",属于被违法解雇,这是对法律的误解。陈某与公司的劳动合同终止。

法条链接

《中华人民共和国劳动合同法》

第四十四条 有下列情形之一的,劳动合同终止:

(一)劳动合同期满的;

(二)劳动者开始依法享受基本养老保险待遇的;

……

《中华人民共和国劳动合同法实施条例》

第二十一条 劳动者达到法定退休年龄的,劳动合同终止。

法理荟萃

劳动合同终止是指劳动合同所确定的权利义务关系终结的一种方式,当劳动者达到法定的退休年龄,开始领取养老保险后,劳动合同终止。

公司领导换了,就无须履行以前的劳动合同了吗?

现实困惑

某公司经理由于已到法定退休年龄而不再履行经理的职务。总公司及时调派了一位新的经理张某来接手该公司的各项工作。俗话说"新官上任三把火",张某接任经理后,认为现在公司运营已经稳定,对于市场部的拓展工作已不是重心,所以应该裁减人员,劳动合同中对于"签订劳动合同的期限为三年"的约定,不利于公司及时根据发展情况合理地调配人员,所以张某他擅自将三年的劳动合同期改为两年。这样的更改使市场部的一部分人面临着合同到期的问题,张某想趁此机会将这些人辞退。那么,张某作为新上任的领导,是否有权变更劳动合同,不履行以前的劳动合同呢?

律师答疑

本案中,张某根据公司发展的现状,认为公司发展不需要太多的人,其出发点是为了维护公司的运营成本,以最小的投入获得最大的效益,目的是好的。但是根据《劳动合同法》第三十三条的规定,用人单位变更名称、法定代表人、主要负责人或者投资人等事项,不影响劳动合同的履行。所以,张某没有权利擅自变更劳动合同以达到辞退员工的目的。张某可以根据公司的用人情况,对那些确实需要裁减的人员提前一个月告知,与之协商一致,并给予相应的经济补偿,这样也可以达到精减人员的目的。

法条链接

《中华人民共和国劳动合同法》

第三十三条 用人单位变更名称、法定代表人、主要负责人或者投资人等事项,不影响劳动合同的履行。

法理荟萃

劳动合同是劳动者合法权益的有力保障,用人单位应严格履行劳动合同的条款,不得单方面因用人单位变更名称、法定代表人、主要负责人或者投资人等事项而变更劳动合同的内容。

公司在劳动合同期内可以变更劳动合同吗?

现实困惑

小王到一家外贸公司做行政工作,入职前签订了三年的劳动合同。其中,合同约定,超出工作时间的加班按每小时30元计算,每月随工资一起发。该公司的工作量是与公司业务拓展情况直接相关的，如果业务拓展顺利加班就多，如果效益不好就不需要加班，所以，每个月的加班时间都没有具体的时长。考虑到加班需要有专人记录每个人的加班时数，工作程序太麻烦，因此，公司决定每个月统一发500元作为加班补助。员工们得知此事后，表示同意，并与公司达成了协议。那么，公司在劳动合同期内更改合同内容的做法是合法的吗？

律师答疑

根据《劳动合同法》第三十五条的规定，用人单位与劳动者协商一致，可以变更劳动合同约定的内容。变更劳动合同，应当采用书面形式。所以，该公司在施行新规定前已和员工达成了一致意见，可以变更劳动合同约定的内容。同时，对于变更后的劳动合同，公司应该重新让员工签字，由用人单位和劳动者各执一份。

法条链接

《中华人民共和国劳动合同法》

第三十五条 用人单位与劳动者协商一致，可以变更劳动合同约定的内容。变更劳动合同，应当采用书面形式。

变更后的劳动合同文本由用人单位和劳动者各执一份。

法理荟萃

用人单位如果想变更劳动合同的内容，应提前与劳动者平等协商，达成一致意见之后可以变更劳动合同约定的内容。变更后的劳动合同文本由用人单位和劳动者各执一份。

用人单位可以强行调换劳动者的工作岗位吗?

现实困惑

李某受聘于一家公司,并与之签署了劳动合同。合同中约定"聘用李某为公司的技术总监",合同期为五年,同时约定了薪金等。一年后,公司在没有任何理由的情况下,擅自将李某降职为普通的技术员,月薪也随之下调。李某认为劳动合同中明确约定了自己的工作职位,公司不能擅自更改。但李某与公司多次协商无果,遂向劳动争议仲裁委员会提出了申诉。公司可以随便调换李某的职位吗?

律师答疑

用人单位不能随便调换劳动者的职位。依法签订的劳动合同是具有法律效力的,签订合同的双方当事人必须严格履行合同中规定的义务。没有法定的变更事由,也没有经过双方当事人协商,任何一方都不能随意变更合同的内容。本案中,公司在没有其他事由,也没有与李某协商的情况下,就擅自变更了李某的工作岗位,这是法律所不允许的。

法条链接

《中华人民共和国劳动合同法》

第二十九条 用人单位与劳动者应当按照劳动合同的约定,全面履行各自的义务。

《中华人民共和国劳动法》

第十七条 订立和变更劳动合同,应当遵循平等自愿、协商一致的原则,不得违反法律、行政法规的规定。

劳动合同依法订立即具有法律约束力,当事人必须履行劳动合同规定的义务。

法理荟萃

依法订立的劳动合同具有法律约束力，用人单位与劳动者应当履行劳动合同约定的每一条义务，无法定理由或共同协商，不得擅自变更。

第七章　劳动合同的解除
——劳动合同怎样解除是合法的

劳动者在什么情况下可以解除劳动合同？

现实困惑

张某是某工厂的工人。由于市场下滑，工厂订单骤减，经常拖欠工资。而且工厂的生产线日益陈旧，存在严重劳动安全隐患。工人们多次提出要求更换设备，可领导就是不换。张某和几个工友商量，干脆直接走人得了。劳动者在什么情况下可以解除劳动合同？

律师答疑

《劳动合同法》第三十八条明确规定了劳动者可以解除劳动合同的情形，其中就包括用人单位未按照劳动合同约定提供劳动保护或劳动条件、未及时足额支付劳动报酬。张某等人所在的工厂既有拖欠工资的行为，又有不保障工人劳动安全的行为，他们可以与工厂解除劳动合同，并且可以要求工厂支付经济补偿。

法条链接

《中华人民共和国劳动合同法》

第三十八条　用人单位有下列情形之一的，劳动者可以解除劳动合同：

（一）未按照劳动合同约定提供劳动保护或者劳动条件的；

（二）未及时足额支付劳动报酬的；

（三）未依法为劳动者缴纳社会保险费的；

（四）用人单位的规章制度违反法律、法规的规定，损害劳动者权益的；

（五）因本法第二十六条第一款①规定的情形致使劳动合同无效的；

（六）法律、行政法规规定劳动者可以解除劳动合同的其他情形。

用人单位以暴力、威胁或者非法限制人身自由的手段强迫劳动者劳动的，或者用人单位违章指挥、强令冒险作业危及劳动者人身安全的，劳动者可以立即解除劳动合同，不需事先告知用人单位。

法理荟萃

法律所赋予的劳动者单方解除劳动合同的权利，既是对劳动者的保护，也是对用人单位的监督。对于我们劳动者来说，要敢于维权，依法为自己争取权益。

对拒绝接受工作安排的患病劳动者，可以解聘吗？

现实困惑

袁某是某制衣厂的工人，她到公司工作近两年了，一直在成衣车间工作。袁某在家中做家务时，不小心摔倒，治疗结束后回到厂里上班。回到工作岗位以后，袁某总觉得腰痛，工作不一会儿就要休息。原来她摔伤了腰，留下了后遗症，不能久站或久坐。厂里根据袁某的情况，安排其到库房从事仓库管理工作。袁某觉得成衣车间工资高，工作时间较为固定，库房工作工资低还要值夜班，于是拒绝到库房工作。厂领导提出如果袁某拒

---

① 《中华人民共和国劳动合同法》
第二十六条　下列合同无效或部分无效：
（一）以欺诈、胁迫的手段或者乘人之危，使对方在违背真实意思的情况下订立或者变更劳动合同的；
（二）用人单位免除自己的法定责任、排除劳动者权利的；
（三）违反法律、行政法规强制性规定的。

绝到库房工作,那么将解聘袁某。拒绝接受工作安排的劳动者,用人单位可以将其解聘吗?

律师答疑

劳动者患病或者非因工负伤,在规定的医疗期满后应当及时回到工作岗位工作。但是一个人在患病或负伤以后,就算康复了,可能从体能、技能上来说已经不如以前,有的人甚至不能从事原工作,尤其是一些技术工、体力活。此时,用人单位应当根据劳动者的具体情况对其进行劳动岗位的变更,给予其照顾。袁某在制衣厂的成衣车间工作,属于技术工、体力活,她在非工负伤痊愈后,体能下降,不能从事成衣工作,制衣厂领导让其到库房从事管理工作,就是照顾她的表现。但是袁某认为库房工作收入低,还有夜班,拒绝从事库房工作。依据我国《劳动合同法》第四十条的规定:劳动者患病或者非因工负伤,在规定的医疗期满后不能从事原工作,也不能从事由用人单位另行安排的工作的,用人单位提前三十日以书面形式通知劳动者本人或者额外支付劳动者一个月工资后,可以解除劳动合同。制衣厂在袁某拒绝到库房工作后,可以根据法律程序将其解聘。

法条链接

《中华人民共和国劳动合同法》

第四十条 有下列情形之一的,用人单位提前三十日以书面形式通知劳动者本人或者额外支付劳动者一个月工资后,可以解除劳动合同:

(一)劳动者患病或者非因工负伤,在规定的医疗期满后不能从事原工作,也不能从事由用人单位另行安排的工作的;

……

法理荟萃

劳动者患病或者非因工负伤,在规定的医疗期满后不能从事原工作,建议考虑用人单位给安排的其他岗位工作。如果对新岗位不满意，可以尝试与用人单位协商。劳动者直接拒绝到新岗位工作的，很可能面临失业的结果。

怀孕是女职工劳动合同的"保护伞"吗？

现实困惑

张某是某公司行政人员，自从她怀孕一个月以来，就无视公司的规章制度，经常迟到早退，不想上班时就给办公室主任打电话，称身体不舒服，在公司内部造成极为不好的影响。公司还因为张某玩忽职守耽误了一笔订单，造成了不小的经济损失。办公室主任对张某的行为非常不满，但是相关法律规定，用人单位要保护女职工，不能因为女职工怀孕、哺乳等原因将其开除。对于张某这样的职工，公司可以开除吗？

律师答疑

很多劳动者和用人单位都认为用人单位不得开除在孕期、产期、哺乳期的女职工。但有一些像张某这样的女职工视"怀孕"为保护伞，我行我素。根据我国《劳动合同法》第四十二条第四款和第三十九条规定，女职工在孕期、产期、哺乳期，用人单位不得因公司经营困难，劳动者不能胜任工作等原因将其开除。但是，如果女职工在孕期、哺乳期工作时，严重违反用人单位的规章制度的；严重失职，营私舞弊，给用人单位造成重大损害的，用人单位还是可以与其解除劳动合同。张某在工作中不顾公司的规章制度，多次迟到早退，并因工作玩忽职守给公司带来不小的经济损失。公司可以依照《劳动合同法》第三十九条的规定解除与其的劳动合同。

> 法条链接

《中华人民共和国劳动合同法》

第三十九条 劳动者有下列情形之一的，用人单位可以解除劳动合同：

（一）在试用期间被证明不符合录用条件的；

（二）严重违反用人单位的规章制度的；

（三）严重失职，营私舞弊，给用人单位造成重大损害的；

（四）劳动者同时与其他用人单位建立劳动关系，对完成本单位的工作任务造成严重影响，或者经用人单位提出，拒不改正的；

（五）因本法第二十六条第一款第一项①规定的情形致使劳动合同无效的；

（六）被依法追究刑事责任的。

第四十二条 劳动者有下列情形之一的，用人单位不得依照本法第四十条、第四十一条的规定②解除劳动合同：

……

（四）女职工在孕期、产期、哺乳期的；

---

① 《中华人民共和国劳动合同法》

第二十六条第一款第一项 下列劳动合同无效或者部分无效：

（一）以欺诈、胁迫的手段或者乘人之危，使对方在违背真实意思的情况下订立或者变更劳动合同的；

② 《中华人民共和国劳动合同法》第四十条 有下列情形之一的，用人单位提前三十日以书面形式通知劳动者本人或者额外支付劳动者一个月工资后，可以解除劳动合同：

（一）劳动者患病或者非因工负伤，在规定的医疗期满后不能从事原工作，也不能从事由用人单位另行安排的工作的；

（二）劳动者不能胜任工作，经过培训或者调整工作岗位，仍不能胜任工作的；

（三）劳动合同订立时所依据的客观情况发生重大变化，致使劳动合同无法履行，经用人单位与劳动者协商，未能就变更劳动合同内容达成协议的。

第四十一条 有下列情形之一，需要裁减人员二十人以上或者裁减不足二十人但占企业职工总数百分之十以上的，用人单位提前三十日向工会或者全体职工说明情况，听取工会或者职工的意见后，裁减人员方案经向劳动行政部门报告，可以裁减人员：

（一）依照企业破产法规定进行重整的；

（二）生产经营发生严重困难的；

（三）企业转产、重大技术革新或者经营方式调整，经变更劳动合同后，仍需裁减人员的；

（四）其他因劳动合同订立时所依据的客观经济情况发生重大变化，致使劳动合同无法履行的。

……

法理荟萃

法律依法保护女职工在孕期、产期、哺乳期的合法权益，规定用人单位不能与孕期、产期、哺乳期的女职工解除劳动合同。但需要注意的是，这是有前提的，即用人单位不能按照《劳动合同法》第四十条和第四十一条的规定进行无过失性辞退和经济性裁员。如果劳动者具有第三十九条规定的过失的，无论怀孕与否，都可以被解雇。

员工利用公司秘密牟取私利，可能承担什么样的法律责任？

现实困惑

刘某是某房地产中介公司的员工。该房地产中介公司在本地因为收费合理、服务周到，几年来积累了很大的客户群。刘某在公司工作两年了，手里也有一定的客户资料。这些客户资料详细地反映了客户的居住地、工作单位、收入情况，属于公司的商业秘密。房地产中介公司的规章制度和劳动合同里有严格规定，不能泄露与不正当使用这些商业秘密。刘某的网友方某应聘进入一家礼品公司，他需要开拓自己的业务空间。刘某便将自己手里的客户资料以每条一元的价格卖给方某。方某掌握资料后轮流给这些客户打电话，给客户带来不好的影响。公司因多名客户反映情况，并退房退租才得知实情。公司也因刘某的行为在业内口碑下降，业绩一度走低。公司决定解聘刘某。刘某利用公司秘密牟取私利，只有被解聘那么简单吗？

律师答疑

很多的工作岗位掌握着公司、企业的商业秘密，劳动者应该珍视这些商业秘密，不能因为利益的诱惑就失去了原则，不能像刘某一样将手里的商业秘密变为自己的私利。《劳动合同法》第三十九条规定，劳动者严重失职，营私舞弊,给用人单位造成重大损害的,用人单位可以解除劳动合同。同时《劳动合同法》第九十条和《劳动法》第一百零二条都规定,劳动者违反保密事项,对用人单位造成经济损失的,应当依法承担赔偿责任。刘某将公司的商业秘密私自出卖给他人,给公司带来经济损失,刘某应当在解除与公司的劳动合同的同时,赔偿公司的损失,具体数额由双方协商确定。此外,刘某还将因侵犯他人的个人信息承担相应的法律责任。

法条链接

《中华人民共和国劳动合同法》

第三十九条　劳动者有下列情形之一的,用人单位可以解除劳动合同:

……

(三)严重失职,营私舞弊,给用人单位造成重大损害的;

第九十条　劳动者违反本法规定解除劳动合同,或者违反劳动合同中约定的保密义务或者竞业限制,给用人单位造成损失的,应当承担赔偿责任。

《中华人民共和国劳动法》

第一百零二条　劳动者违反本法规定的条件解除劳动合同或者违反劳动合同中约定的保密事项,对用人单位造成经济损失的,应当依法承担赔偿责任。

法理荟萃

劳动者在工作中应遵守职业道德,保守公司机密,对于为谋取私利泄露商业秘密给用人单位带来损失的,用人单位可依照相关程序解除劳动合同,同时劳动者应依法承担赔偿责任。

公司自己的员工被其他公司"挖"去，可以怎么办？

现实困惑

某商贸公司北方地区的经营业绩一直很好，在全公司排名总是名列前茅。北方经营区的冯经理是一个销售精英，他总能带领团队做出好成绩。冯经理在商贸公司工作十多年了，公司与他签订了无固定期限的劳动合同。一天某连锁超市总经理在工作中接触到冯某，认为他是一个不可多得的经营人才，用高薪将冯某"挖"到他的连锁超市工作。冯某未离职就到超市工作，导致原工作耽误，给商贸公司带来很大损失，商贸公司眼看自己的人才被他人"挖"去，该怎么办？

律师答疑

随着市场竞争的日益激烈，各用人单位都明白"人才"才是企业生存发展的核心，所以不惜高薪、高福利"挖"人才。在上面的案例中，连锁超市不顾商业规则，将冯某高薪抢走，并给该商贸公司造成很大的经济损失。我国《劳动法》第三十一条规定，劳动者解除劳动合同，应当提前30日以书面形式通知用人单位。冯某离开商贸公司并没有履行以上程序，而是直接到连锁超市工作，显然违反了法律。至于商贸公司因此而造成的经济损失，按照我国《劳动法》第九十九条和《劳动部关于贯彻执行〈中华人民共和国劳动法〉若干问题的意见》第三十二条规定，用人单位招用尚未解除劳动合同的劳动者，对原用人单位造成经济损失的，该用人单位和劳动者应当依法承担连带赔偿责任。商贸公司的经济损失应当由冯某和连锁超市共同赔偿。

法条链接

《中华人民共和国劳动法》

第三十一条 劳动者解除劳动合同，应当提前三十日以书面形式通知用人单位。

第九十九条 用人单位招用尚未解除劳动合同的劳动者，对原用人单位造成经济损失的，该用人单位应当依法承担连带赔偿责任。

《劳动部关于贯彻执行〈中华人民共和国劳动法〉若干问题的意见》

32. 按照劳动法第三十一条的规定，劳动者解除劳动合同，应当提前三十日以书面形式通知用人单位。超过三十日，劳动者可以向用人单位提出办理解除劳动合同手续，用人单位予以办理。如果劳动者违法解除劳动合同给原用人单位造成经济损失，应当承担赔偿责任。

法理荟萃

劳动者解除劳动合同，应当提前三十日以书面形式通知用人单位，对于被新用人单位挖走、又不履行告知程序，给原用人单位造成经济损失的，劳动者和新用人单位对原单位应依法承担赔偿责任。

因工资逐月减少，劳动者可以单方解除劳动合同吗？

现实困惑

赵某与某家具公司签订了劳动合同。合同约定，赵某的月薪为4000元。一个月后，赵某足额领到第一个月的工资。但是，自第二个月开始，赵某领到的工资数额逐月减少。赵某向公司询问，公司声称其工作业绩不好，因此适当地减薪。赵某不服，向公司抗议无果后，遂宣布解除与家具公司的劳动合同。公司以单方面不能解约为由，拒绝赵某辞职。赵某可以单方面宣布解约吗？

律师答疑

赵某可以单方面宣布解约。作为劳动者，在就业关系中本来就属于弱势群体，其合法权益很容易受到侵害。对此，立法机关在立法时，制定相应的保护条款也是理所当然。本案中，赵某每月的薪金逐渐减少，这和最初与用人单位的约定是相违背的。用人单位的行为属于克扣工资的行为，侵害了赵某的合法权益，根据《劳动合同法》第三十七条的规定，赵某可以单方面宣布解除与用人单位的劳动合同，并要求经济补偿，但是其应提前30日以书面形式通知用人单位。

法条链接

《中华人民共和国劳动法》

第三十一条　劳动者解除劳动合同，应当提前三十日以书面形式通知用人单位。

第三十二条　有下列情形之一的，劳动者可以随时通知用人单位解除劳动合同：

（一）在试用期内的；

（二）用人单位以暴力、威胁或者非法限制人身自由的手段强迫劳动的；

（三）用人单位未按照劳动合同约定支付劳动报酬或者提供劳动条件的。

《中华人民共和国劳动合同法》

第三十七条　劳动者提前三十日以书面形式通知用人单位，可以解除劳动合同。劳动者在试用期内提前三日通知用人单位，可以解除劳动合同。

第三十八条　用人单位有下列情形之一的，劳动者可以解除劳动合同：

（一）未按照劳动合同约定提供劳动保护或者劳动条件的；

（二）未及时足额支付劳动报酬的；

（三）未依法为劳动者缴纳社会保险费的；

（四）用人单位的规章制度违反法律、法规的规定，损害劳动者权益的；

（五）因本法第二十六条第一款规定的情形致使劳动合同无效的；

（六）法律、行政法规规定劳动者可以解除劳动合同的其他情形。

用人单位以暴力、威胁或者非法限制人身自由的手段强迫劳动者劳动的，或者用人单位违章指挥、强令冒险作业危及劳动者人身安全的，劳动者可以立即解除劳动合同，不需事先告知用人单位。

法理荟萃

用人单位及时足额地向劳动者支付劳动报酬是其应尽的义务。如果用人单位不履行该义务，劳动者可以单方解除劳动合同并要求单位补齐工资、支付经济补偿，并可要求支付赔偿金。

劳动者可以不事先通知用人单位，随时解除劳动合同吗？

现实困惑

吴某从事地下采矿工作。一天，用于地下采矿的设施出现故障，在这种情形不应该再继续进行勘探工作，但是该用人单位为了一单交易，强令矿工采取其他手段继续做工。吴某从事矿下工作多年，认为如此冒险作业，很大可能会危及人身安全。吴某拒绝继续工作，要求立即解除劳动合同。吴某可以不事先通知用人单位，随时解除劳动合同吗？

律师答疑

在劳动生产过程中，存在着各种不安全因素，如不采取措施对劳动者加以保护，就会危害劳动者的生命安全和身体健康，因此，我国严格保护劳动者在履行劳动合同、进行生产劳动过程中的劳动安全卫生权利。

用人单位强令劳动者违章冒险作业，是指用人单位的管理人员明知违反国家安全卫生规程，继续作业对劳动者生命安全或者身体健康具有危险性，仍然违章指挥，强令劳动者违反有关操作规程冒险作业。《劳动合同法》第三十二条规定："劳动者拒绝用人单位管理人员违章指挥、强令冒险作业的，不视为违反劳动合同。"第三十八条第二款规定："用人单位以暴力、威胁或者非法限制人身自由的手段强迫劳动者劳动的，或者用人单位违章指挥、强令冒险作业危及劳动者人身安全的，劳动者可以立即解除劳动合同，不需事先告知用人单位。"用人单位强令冒险作业危及人身安全时，劳动者有权紧急撤离现场，也可以立即辞职不干。吴某拒绝用人单位的强令冒险作业，不视为违反劳动合同，并且可以立即解除劳动合同，不需事先告知用人单位。

法条链接

《中华人民共和国劳动合同法》

第三十二条　劳动者拒绝用人单位管理人员违章指挥、强令冒险作业的，不视为违反劳动合同。

劳动者对危害生命安全和身体健康的劳动条件，有权对用人单位提出批评、检举和控告。

第三十八条第二款　用人单位以暴力、威胁或者非法限制人身自由的手段强迫劳动者劳动的，或者用人单位违章指挥、强令冒险作业危及劳动者人身安全的，劳动者可以立即解除劳动合同，不需事先告知用人单位。

《中华人民共和国劳动法》

第五十六条第二款　劳动者对用人单位管理人员违章指挥、强令冒险作业，有权拒绝执行；对危害生命安全和身体健康的行为，有权提出批评、检举和控告。

法理荟萃

在劳动过程中，劳动权由劳动者自己支配，不是把劳动权完全交给用人单位。所以在用人单位强令冒险作业时，劳动者可以不服从其指挥或者命令，如果想辞职，可以立即辞职，同时还可以要求经济补偿。

劳动者被判刑，用人单位解除劳动合同时要支付赔偿金吗？

现实困惑

陈某在某制造公司工作期间，作风懒散，经常迟到、早退，甚至旷工。单位领导批评无效，就调整了陈某的工作岗位，将他调去车间检修设备。陈某心怀不满，将车间数十台生产设备全部砸烂，以至于被判刑。同时，该公司决定解除与陈某的劳动合同。陈某以合同没到期为由，要求公司支付赔偿金。陈某的要求于法有据吗？

律师答疑

陈某的要求于法无据。陈某因破坏公司的生产设备，被依法追究刑事责任，用人单位依据《劳动合同法》第三十九条的相关规定，可以解除与他的劳动合同。由于该公司是依据法律相关规定解除劳动合同的，因此，不存在违法解除劳动合同的问题，当然不需要支付赔偿金，同时，也不要支付经济补偿。

法条链接

《中华人民共和国劳动合同法》

第三十九条 劳动者有下列情形之一的，用人单位可以解除劳动合同：

……

（六）被依法追究刑事责任的。

第八十七条 用人单位违反本法规定解除或者终止劳动合同的，应当依照本法第四十七条①规定的经济补偿标准的二倍向劳动者支付赔偿金。

法理荟萃

劳动者被依法追究刑事责任的，用人单位可以单方面解除劳动合同并且不需要支付经济赔偿金。

运营困难的企业可以大规模裁员吗？

现实困惑

沈某受雇于某风险投资公司，成为该公司的行政人员，并签订了为期4年的劳动合同。后来，该公司经营发生严重困难，达到当地政府规定的严重困难企业标准。因此，公司决定采取裁员措施。各部门均裁撤百分之四十的工作人员，沈某也身居其中。企业可以大规模地裁员吗？

律师答疑

该风险投资公司的情况属于经济性裁员。经济性裁员，是指用人单位为了保护自己在市场经济中的竞争能力和生存能力，在濒临破产进行法定整顿期间，辞退一部分职工，以改善经营状况。该公司为了渡过难关，采取经济性裁员，是可行的。但是，该公司还应当履行法定的程序：提前三十日向工会或者全体职工说明情况，听取工会或者职工的意见后，裁减人员方案经向

---

① 《中华人民共和国劳动合同法》

第四十七条　经济补偿按劳动者在本单位工作的年限，每满一年支付一个月工资的标准向劳动者支付。六个月以上不满一年的，按一年计算；不满六个月的，向劳动者支付半个月工资的经济补偿。

劳动者月工资高于用人单位所在直辖市、设区的市级人民政府公布的本地区上年度职工月平均工资三倍的，向其支付经济补偿的标准按职工月平均工资三倍的数额支付，向其支付经济补偿的年限最高不超过十二年。

本条所称月工资是指劳动者在劳动合同解除或者终止前十二个月的平均工资。

劳动行政部门报告。如果其没有履行法定程序，则视为裁员不合法，劳动者可以向劳动仲裁机关申请仲裁，保护自己的合法权益。

法条链接

《中华人民共和国劳动合同法》

第四十一条第一款 有下列情形之一，需要裁减人员二十人以上或者裁减不足二十人但占企业职工总数百分之十以上的，用人单位提前三十日向工会或者全体职工说明情况，听取工会或者职工的意见后，裁减人员方案经向劳动行政部门报告，可以裁减人员：

（一）依照企业破产法规定进行重整的；

（二）生产经营发生严重困难的；

（三）企业转产、重大技术革新或者经营方式调整，经变更劳动合同后，仍需裁减人员的；

（四）其他因劳动合同订立时所依据的客观经济情况发生重大变化，致使劳动合同无法履行的。

《中华人民共和国劳动法》

第二十七条 用人单位濒临破产进行法定整顿期间或者生产经营状况发生严重困难，确需裁减人员的，应当提前三十日向工会或者全体职工说明情况，听取工会或者职工的意见，经向劳动行政部门报告后，可以裁减人员。

用人单位依据本条规定裁减人员，在六个月内录用人员的，应当优先录用被裁减的人员。

法理荟萃

经济性裁员的目的是保护企业在市场经济中的竞争和生存能力，渡过暂时的难关。如果裁减的人数达到法定情形，用人单位需要经过法律规定程序才能裁减人员。

企业可以辞退即将退休的老员工吗？

现实困惑

刘某是一家陶瓷厂的老员工了。40年前，陶瓷厂刚创办的时候，年仅17岁的刘某就成为该厂第一代员工。40年过去了，陶瓷厂也由一开始的小作坊发展为几千人的大企业。为顺应改革潮流，陶瓷厂要压缩编制，裁减职工。刘某作为元老级职工，也会被裁减吗？

律师答疑

陶瓷厂不能辞退刘某。根据《劳动合同法》第四十二条规定，凡在本单位连续工作满十五年，且距法定退休年龄不足五年的职工，用人单位不能与其解除劳动合同。刘某在陶瓷厂工作40年了，距法定退休年龄还有3年，符合法律规定的不得解除劳动合同的条件，所以他不能被辞退。

法条链接

《中华人民共和国劳动合同法》

第四十二条　劳动者有下列情形之一的，用人单位不得依照本法第四十条、第四十一条①的规定解除劳动合同：

（一）从事接触职业病危害作业的劳动者未进行离岗前职业健康检查，或者疑似职业病病人在诊断或者医学观察期间的；

（二）在本单位患职业病或者因工负伤并被确认丧失或者部分丧失劳动能力的；

（三）患病或者非因工负伤，在规定的医疗期内的；

（四）女职工在孕期、产期、哺乳期的；

（五）在本单位连续工作满十五年，且距法定退休年龄不足五年的；

（六）法律、行政法规规定的其他情形。

法理荟萃

企业不得辞退在本单位连续工作满十五年的将退休的老员工，是指依照无过失性辞退和经济性裁员两种情形来说的。如果该老员工存在过失，如严重失职、严重违反规章制度等，企业还是有权将其辞退的。

---

① 《中华人民共和国劳动合同法》

第四十一条　有下列情形之一，需要裁减人员二十人以上或者裁减不足二十人但占企业职工总数百分之十以上的，用人单位提前三十日向工会或者全体职工说明情况，听取工会或者职工的意见后，裁减人员方案经向劳动行政部门报告，可以裁减人员：

（一）依照企业破产法规定进行重整的；

（二）生产经营发生严重困难的；

（三）企业转产、重大技术革新或者经营方式调整，经变更劳动合同后，仍需裁减人员的；

（四）其他因劳动合同订立时所依据的客观经济情况发生重大变化，致使劳动合同无法履行的。

裁减人员时，应当优先留用下列人员：

（一）与本单位订立较长期限的固定期限劳动合同的；

（二）与本单位订立无固定期限劳动合同的；

（三）家庭无其他就业人员，有需要扶养的老人或者未成年人的。

用人单位依照本条第一款规定裁减人员，在六个月内重新招用人员的，应当通知被裁减的人员，并在同等条件下优先招用被裁减的人员。

单位能拒绝给员工开劳动合同解除证明吗?

现实困惑

某有限责任公司技术骨干张某,为谋求更好的发展,准备跳槽,并以书面形式向公司提出解除劳动合同的申请。公司为了留住张某,以提高福利待遇、加薪等方式进行挽留,但张某最后还是决定离开。张某离开时,公司以他未完成手中工作为由,拒绝为其开具解除劳动合同的证明手续。为此,张某与用人单位交涉近一个月未果。单位能拒绝给员工开劳动合同解除证明吗?

律师答疑

该公司拒绝张某开具解除劳动合同的证明是违法的。根据《劳动合同法》第五十条第一款的规定,用人单位应当在解除或者终止劳动合同时出具解除或者终止劳动合同的证明,并在十五日内为劳动者办理档案和社会保险关系转移手续。另外,第八十九条规定,用人单位违反本法规定未向劳动者出具解除或者终止劳动合同的书面证明,由劳动行政部门责令改正;给劳动者造成损害的,应当承担赔偿责任。本案中,张某与用人单位交涉一个月未果,如给其造成了一定的经济损失,可以要求公司赔偿。

法条链接

《中华人民共和国劳动合同法》

第五十条第一款 用人单位应当在解除或者终止劳动合同时出具解除或者终止劳动合同的证明,并在十五日内为劳动者办理档案和社会保险关系转移手续。

……

第八十九条 用人单位违反本法规定未向劳动者出具解除或者终止劳动

合同的书面证明，由劳动行政部门责令改正；给劳动者造成损害的，应当承担赔偿责任。

法理荟萃

法律赋予了劳动者单方解除劳动合同的权利，劳动者和用人单位之间的权力义务关系随着劳动合同的解除、终止而消失，但是基于诚实信用的原则，双方还必须履行各自的附随义务。用人单位应该为劳动者转出档案、办理社会保险关系转移手续，向劳动者开具解除或终止劳动合同的证明。劳动者也要做好离职工作的交接。

在哪些情况下，用人单位可以使用解除劳动合同代通知金？

现实困惑

高某自幼习舞并如愿考上某舞蹈艺术学院。毕业后，高某到某舞蹈培训机构担任舞蹈老师，教孩子跳民族舞。某天，高某在假期外出旅行时，不慎被一辆车撞倒，造成右腿粉碎性骨折，需住院休养。出院后，高某的右腿不可以剧烈活动，其也不能再从事舞蹈事业。培训机构认为高某不能胜任原来的工作岗位，也不能胜任培训机构的其他岗位，便向高某额外支付了一个月工资后，与之解除了劳动合同。请问，在哪些情况下，可以使用解除劳动合同代通知金？

律师答疑

在我国《劳动合同法》中并没有"代通知金"的法律概念，它只是一个通俗的叫法，意指代替提前30日的通知程序。对哪些情况下可以使用解除劳动合同代通知金的问题，我国《劳动合同法》在第四十条中明确规定，即："有下列情形之一的，用人单位提前三十日以书面形式通知劳动者本人或者额外支付劳动者一个月工资后，可以解除劳动合同：（一）劳动者患病或者非因工负伤，在规定的医疗期满后不能从事原工作，也不能从事由用人单位另行安排的工作的；（二）劳动者不能胜任工作，经过培训或者调整工作岗位，仍不能胜任工作的；（三）劳动合同订立时所依据的客观情况发生重大变化，致使劳动合同无法履行，经用人单位与劳动者协商，未能就变更劳动合同内容达成协议的。"依据条文内容可知，在以上三种情况下，用人单位可以使用解除劳动合同的代通知金。而且用人单位在是否使用代通知金方面是有选择权的，用人单位可以适用代通知金的规定，额外支付劳动者一个月工资后解除劳动合同，也可以不适用，提前30日以书面形式通知劳动者本人，即可与劳动者解除劳动合同。

在代通知金的数额方面，根据《劳动合同法实施条例》第二十条的规定，应根据劳动者上一个月的工资标准确定。

法条链接

《中华人民共和国劳动合同法》

第四十条　有下列情形之一的，用人单位提前三十日以书面形式通知劳动者本人或者额外支付劳动者一个月工资后，可以解除劳动合同：

（一）劳动者患病或者非因工负伤，在规定的医疗期满后不能从事原工作，也不能从事由用人单位另行安排的工作的；

……

《中华人民共和国劳动合同法实施条例》

第二十条　用人单位依照劳动合同法第四十条的规定，选择额外支付劳动者一个月工资解除劳动合同的，其额外支付的工资应当按照该劳动者上一个月的工资标准确定。

法理荟萃

我国《劳动合同法》第四十条规定的内容即是司法实践中所说的"代通

知金"制度，适用本条款需要满足本法规定的三种情况，除此之外，不适用代通知金制度。

竞业限制的人员离职后，单位需要支付经济补偿吗？

现实困惑

李某是某商贸公司销售部经理，与公司签订了为期3年的劳动合同。合同中的"竞业限制"条款明确约定：双方在解除或终止劳动合同后，李某自离开公司之日起1年内，不得到生产经营同类产品或业务、且有竞争关系的其他公司任职；也不得自己生产经营与本公司有竞争关系的同类产品或业务。3年合同期满后，商贸公司不再续订劳动合同。在此后的3个月里，由于和企业有竞业限制的约定，李某一直没有找到一份合适的工作，以至于经济状况陷入窘境。无奈之下李某向原公司提出支付经济补偿的要求。竞业限制的人员离职后，单位需要支付经济补偿吗？

律师答疑

人才流动是一件很平常的事，人才在流动的同时，也会带走原企业的商业秘密或技术秘密，这让企业对跳槽的员工忧心忡忡。许多企业为了避免商业秘密的流失，往往会在劳动合同中与掌握商业秘密的人员约定竞业限制条款，明确违约责任，把竞业限制当作使员工"守口如瓶"的主要手段。企业需要在约定竞业限制同时，还要约定员工遵守该竞业限制的经济补偿，以维护员工的基本生活，保护其合法利益。我国《劳动合同法》第二十三条规定，在竞业限制期限内，用人单位按月给予劳动者经济补偿。李某离职后，原工作的商贸公司应当依法对其按月进行经济补偿至竞业禁止期限届满。

根据《劳动合同法》第二十四条的规定，用人单位应当注意竞业限制仅适用于公司高级管理人员、高级技术人员和其他负有保密义务的人员，并非所有人都要签订。竞业限制的期限由当事人约定，最长不得超过两年。竞业限制的约定不得违反法律、法规的规定。

法条链接

《中华人民共和国劳动合同法》

第二十三条 用人单位与劳动者可以在劳动合同中约定保守用人单位的商业秘密和与知识产权相关的保密事项。

对负有保密义务的劳动者，用人单位可以在劳动合同或者保密协议中与劳动者约定竞业限制条款，并约定在解除或者终止劳动合同后，在竞业限制期限内应按月给予劳动者经济补偿。劳动者违反竞业限制约定的，应当按照约定向用人单位支付违约金。

第二十四条 竞业限制的人员限于用人单位的高级管理人员、高级技术人员和其他负有保密义务的人员。竞业限制的范围、地域、期限由用人单位与劳动者约定，竞业限制的约定不得违反法律、法规的规定。

在解除或者终止劳动合同后，前款规定的人员到与本单位生产或者经营同类产品、从事同类业务的有竞争关系的其他用人单位，或者自己开业生产或者经营同类产品、从事同类业务的竞业限制期限，不得超过二年。

法理荟萃

对负有保密义务的劳动者，用人单位可以在劳动合同或者保密协议中与劳动者约定竞业限制条款，但在解除劳动合同后，在竞业限制期限内按月给予劳动者经济补偿。劳动者违反竞业限制约定的，应当按照约定向用人单位支付违约金。

单位主动要求解除竞业限制协议的，劳动者可以要求补偿吗？

现实困惑

冯某在某公司开发部门任职，从事民用无人机某电子元件的开发工作。由于该技术有较强的市场竞争力且多涉及商业秘密，冯某在签订劳动合同时与公司签订了竞业限制协议，约定冯某离职后两年内不得进入与本公司有业务竞争关系的公司工作，为此公司每月给予其经济补偿2万元。后来，冯某离职后，只好暂时选择了其他行业。次年，因国内多家公司已引进国外同类技术，再无保密必要，公司为节省开支，主动通知冯某终止竞业限制协议。冯某认为公司单方解除协议的行为影响了他的职业生涯规划，必须给予自己一定的经济补偿。那么，公司是否有权这么做？冯某对此又有什么权利？

律师答疑

公司有权单方解除竞业限制协议。《最高人民法院关于审理劳动争议案件适用法律问题的解释（一）》第三十九条第一款规定，在竞业限制期限内，用人单位请求解除竞业限制协议时，人民法院应予支持。基于竞业限制协议从根本上维护的是用人单位的商业秘密保护权，所以法律赋予用人单位对合同的单方解除权。而当用人单位认为其商业秘密无须再保密时，竞业限制也就失去了其存在的意义，反而使得用人单位还要支付不必要的竞业限制补偿金。事实上，此时若要求劳动者继续履行竞业限制义务，也是对人才和技术的一种浪费。此外，该解释第三十九条第二款同时规定了在用人单位单方面解除竞业限制协议的情况下，如果劳动者请求用人单位额外支付劳动者三个月的竞业限制经济补偿的，用人单位应支付。这更有利于保护劳动者的生存权，在劳动者与用人单位之间实现了较好的利益平衡。本案中冯某可要求单位额外支付三个月的经济补偿。

法条链接

《最高人民法院关于审理劳动争议案件适用法律问题的解释（一）》

第三十九条 在竞业限制期限内，用人单位请求解除竞业限制协议的，人民法院应予支持。

在解除竞业限制协议时，劳动者请求用人单位额外支付劳动者三个月的竞业限制经济补偿的，人民法院应予支持。

法理荟萃

对于在有效期内的竞业限制协议，单方解除权在于用人单位一方；而作为公平对价，劳动者可以在用人单位解除协议的同时要求其自解除时起，多支付三个月的竞业限制补偿金。

劳动者违反劳动合同中的竞业限制约定要支付违约金吗？

现实困惑

程某是某软件开发公司的技术部经理，与公司签订了3年的劳动合同。劳动合同中约定陈某应保守公司的商业秘密，劳动合同到期后，如果程某离开公司，2年内不得到与公司有竞争业务关系的其他公司任职，否则，程某要给予公司相应的经济赔偿。劳动合同期满后，程某没有续约，而是应聘到本市另一家软件开发公司任职。原公司得知此事，要求程某离开现任公司。程某拒绝。程某要支付违约金吗？

律师答疑

毋庸置疑，在劳动合同中约定竞业限制的情形下，只要该条款是有效的，那么劳动者在竞业限制有效期内违反竞业限制义务的，比如到其他竞争有关系的单位工作、自己利用原有技术或资源创业等，就需要向原单位支付违约金。在上面的案例中，程某离职后没有遵守竞业限制的约定，去了其他软件公司工作，根据《劳动合同法》第二十三条和第九十条的规定，应当承担违约责任，担负违约金。如果其行为已经给原公司造成损失，则还要承担赔偿责任。

法条链接

《中华人民共和国劳动合同法》

第二十三条 用人单位与劳动者可以在劳动合同中约定保守用人单位的商业秘密和与知识产权相关的保密事项。

对负有保密义务的劳动者，用人单位可以在劳动合同或者保密协议中与劳动者约定竞业限制条款，并约定在解除或者终止劳动合同后，在竞业限制期限内按月给予劳动者经济补偿。劳动者违反竞业限制约定的，应当按照约定向用人单位支付违约金。

第九十条 劳动者违反本法规定解除劳动合同，或者违反劳动合同中约定的保密义务或者竞业限制，给用人单位造成损失的，应当承担赔偿责任。

法理荟萃

既然劳动合同中约定了竞业限制条款，如果该条款为有效约定，违反该约定的一方当然要承担相应的违约责任。

劳动者因违反竞业限制承担违约责任后，单位还可以要求其继续履行竞业限制义务吗？

现实困惑

林某于 2018 年 3 月起在某运动品牌 A 公司工作，在签订劳动合同的同时签订了竞业限制协议。协议约定竞业限制的时间为工作期间及劳动关系解除或终止后 12 个月，同时还对补偿及违约责任进行了约定。2022 年 5 月，林某离职，A 公司按照约定每月向其支付竞业限制补偿金。林某在同年 7 月 1 日便到另一运动品牌 B 公司工作。A 公司得知后便向 B 公司发出律师函，要求 B 公司停止接受林某为其提供服务。同年 8 月，B 公司便解除了与林某的劳动关系。同时，A 公司提起劳动仲裁，请求：1. 确认林某的行为构成违反竞业限制义务；2. 林某向 A 公司返还竞业限制补偿金 213000 元；3. 林某继续履行竞业限制义务。那么，在林某承担违约责任后，原单位还有权要求其继续履行竞业限制义务吗？

律师答疑

根据《最高人民法院关于审理劳动争议案件适用法律问题的解释（一）》第四十条的规定，劳动者违反竞业限制约定并向用人单位支付违约金后，用人单位依然可以要求劳动者按照约定继续履行竞业限制义务的。《劳动合同法》设置竞业限制的目的就是平衡保护用人单位商业秘密权和尊重劳动者就业权、生存权之间的利益冲突，如果允许劳动者支付违约金就可以不再履行竞业限制义务，等于变相承认劳动者可以随意单方违约以及企业间不正当竞争的合法性。现实中有不少案例，劳动者的违约金都是由与原单位有竞争关系的新单位代为支付，以便后者取得竞争优势。这不仅违背了竞业限制制度设定的初衷，而且变相鼓励、放纵了劳动者和企业实施违约与侵权行为，有违诚实信用原则，这种行为事实上是被法律所禁止的。林某在承担相应的违约责任后，原单位有权要求其继续履行竞业限制义务。

法条链接

《最高人民法院关于审理劳动争议案件适用法律问题的解释（一）》

第四十条 劳动者违反竞业限制约定，向用人单位支付违约金后，用人单位要求劳动者按照约定继续履行竞业限制义务的，人民法院应予支持。

法理荟萃

鉴于竞业限制关系整个市场竞争秩序和用人单位财产权益，对于有失诚信的劳动者，法律并没有给予倾向性的保护。只要竞业限制协议尚未到期，用人单位就可以要求劳动者履行竞业限制义务，而不论其是否已经承担过违约责任。

用人单位对劳动者的经济补偿应该怎么算？

现实困惑

高某大学毕业后应聘到某公司做销售，签订了5年期限的劳动合同。三年后，公司宣布解散，并以公告的形式通知员工，每人多领取一个月工资作为经济补偿，就可以与公司终止劳动合同。高某与其他同事非常不满公司的决定，认为工作多年只给一个月工资作为补偿实在太少了，去找公司理论。公司未予理睬。高某想知道按照法律规定，公司对他的经济补偿应该怎么算？

律师答疑

根据我国《劳动合同法》第四十四条和第四十六条的规定，用人单位由于提前解散而终止劳动合同的,应当向劳动者支付经济补偿。另外根据第四十七条的规定,经济补偿按劳动者在本单位工作的年限,每满一年支付一个月工资的标准向劳动者支付。六个月以上不满一年的,按一年计算;不满六个月的,向劳动者支付半个月工资的经济补偿。本案中,高某在该公司工作了3年,故可以获得3个月工资的经济补偿。公司笼统地规定所有人都领取一个月的工资作为经济补偿是不正确的,应及时纠正。

法条链接

《中华人民共和国劳动合同法》

第四十四条 有下列情形之一的,劳动合同终止:

……

(五)用人单位被吊销营业执照、责令关闭、撤销或者用人单位决定提前解散的;

第四十六条 有下列情形之一的,用人单位应当向劳动者支付经济补偿:

……

(六)依照本法第四十四条第四项、第五项规定终止劳动合同的;

第四十七条 经济补偿按劳动者在本单位工作的年限,每满一年支付一个月工资的标准向劳动者支付。六个月以上不满一年的,按一年计算;不满六个月的,向劳动者支付半个月工资的经济补偿。

劳动者月工资高于用人单位所在直辖市、设区的市级人民政府公布的本地区上年度职工月平均工资三倍的,向其支付经济补偿的标准按职工月平均工资三倍的数额支付,向其支付经济补偿的年限最高不超过十二年。

本条所称月工资是指劳动者在劳动合同解除或者终止前十二个月的平均工资。

法理荟萃

经济补偿不可随意确定,应根据劳动者在用人单位的工作年限和工资标准来计算具体金额。经济补偿金制度是劳动法中的特色制度，是法律保护劳动者的体现。

以完成一定工作任务为期限的劳动合同终止后，劳动者可以要求经济补偿吗？

现实困惑

张某为某单位进行软件开发，为更好地明确双方的权利与义务，其与该单位签订了书面的劳动合同。该劳动合同因软件开发工作的结束而终止。张某按照劳动合同完成任务，与该单位的劳动合同终止时，可以要求经济补偿吗？

律师答疑

根据《劳动合同法实施条例》第二十二条规定，以完成一定工作任务为期限的劳动合同因任务完成而终止的，用人单位应当依照向劳动者支付经济补偿。因此，张某任务完成后，劳动合同终止时用人单位应当支付经济补偿。

法条链接

《中华人民共和国劳动合同法实施条例》

第二十二条 以完成一定工作任务为期限的劳动合同因任务完成而终止的，用人单位应当依照劳动合同法第四十七条[1]的规定向劳动者支付经济补偿。

---

[1] 《中华人民共和国劳动合同法》
第四十七条 经济补偿按劳动者在本单位工作的年限，每满一年支付一个月工资的标准向劳动者支付。六个月以上不满一年的，按一年计算；不满六个月的，向劳动者支付半个月工资的经济补偿。
劳动者月工资高于用人单位所在直辖市、设区的市级人民政府公布的本地区上年度职工月平均工资三倍的，向其支付经济补偿的标准按职工月平均工资三倍的数额支付，向其支付经济补偿的年限最高不超过十二年。
本条所称月工资是指劳动者在劳动合同解除或者终止前十二个月的平均工资。

法理荟萃

《劳动合同法》第四十六条规定的经济补偿情形，未将以完成一定任务而终止劳动合同的情形规定在其中。《劳动合同法实施条例》对该规定进行完善，对该类劳动合同的终止明确规定应依法支付经济补偿。

劳动者从单位获得的经济补偿中的"月工资"包括哪些？

现实困惑

2020年9月，李红与某用人单位签订了为期三年的劳动合同。2022年9月，该用人单位因违法经营被责令关闭，包括李红在内的所有员工失业。按照《劳动合同法》规定，用人单位应当向李红等人支付经济补偿。该经济补偿中的"月工资"包括哪些？

律师答疑

根据《劳动合同法》第四十七条规定："经济补偿按劳动者在本单位工作的年限，每满一年支付一个月工资的标准向劳动者支付。六个月以上不满一年的，按一年计算；不满六个月的，向劳动者支付半个月工资的经济补偿。"李红在用人单位工作两年，应得到两个月工资的经济补偿。每月的工资标准应当按照《劳动合同法实施条例》第二十七条的规定计算。即"月工资"按照劳动者应得工资计算，包括计时工资或者计件工资以及奖金、津贴和补贴等货币性收入。

法条链接

《中华人民共和国劳动合同法》

第四十七条 经济补偿按劳动者在本单位工作的年限,每满一年支付一个月工资的标准向劳动者支付。六个月以上不满一年的,按一年计算;不满六个月的,向劳动者支付半个月工资的经济补偿。

劳动者月工资高于用人单位所在直辖市、设区的市级人民政府公布的本地区上年度职工月平均工资三倍的,向其支付经济补偿的标准按职工月平均工资三倍的数额支付,向其支付经济补偿的年限最高不超过十二年。

本条所称月工资是指劳动者在劳动合同解除或者终止前十二个月的平均工资。

《中华人民共和国劳动合同法实施条例》

第二十七条 劳动合同法第四十七条规定的经济补偿的月工资按照劳动者应得工资计算,包括计时工资或者计件工资以及奖金、津贴和补贴等货币性收入。劳动者在劳动合同解除或者终止前12个月的平均工资低于当地最低工资标准的,按照当地最低工资标准计算。劳动者工作不满12个月的,按照实际工作的月数计算平均工资。

法理荟萃

用人单位依法应当支付给劳动者的经济补偿依照月工资和工作年限而定。其中,月工资不仅指基本工资,还包括奖金、补贴等收入。

用人单位违法解除劳动合同的,应该支付多少赔偿金?

现实困惑

李某与某超市签订了为期五年的劳动合同,约定月工资3000元。上班三年零八个月后，李某因为怀孕生小孩的缘故上班搬运超市货物不太方便。超市以李某不能胜任工作为由要与李某解除劳动合同。李某的朋友小芳听说此事后告诉李某，在李某怀孕期间，如果用人单位因其不能胜任现有的工作而与其解除劳动合同是违法的，是应该向李某支付赔偿金的。可是应获赔多少，小芳不太清楚。那么，用人单位违法解除劳动合同的，应该支付多少赔偿金呢？

律师答疑

李某的朋友小芳说得很对，依据《劳动合同法》第四十二条的规定，李某在孕期之中，超市是不能以李某不能胜任工作而解除合同的。根据《劳动合同法》第八十七条的规定，用人单位违反本法规定解除或者终止劳动合同的，应当依照本法第四十七条规定的经济补偿标准的二倍向劳动者支付赔偿金。本案中，李某已经工作了三年零八个月，因超过六个月，计算为四年，那么单位应向其支付四个月的工资标准的经济补偿数额的两倍，即4个月乘以月工资3000元，再乘以2，共24000元的经济赔偿金。

法条链接

《中华人民共和国劳动合同法》

第四十二条 劳动者有下列情形之一的，用人单位不得依照本法第四十条、第四十一条的规定解除劳动合同：

……

（四）女职工在孕期、产期、哺乳期的；

……

第四十七条 经济补偿按劳动者在本单位工作的年限，每满一年支付一个月工资的标准向劳动者支付。六个月以上不满一年的，按一年计算；不满六个月的，向劳动者支付半个月工资的经济补偿。

劳动者月工资高于用人单位所在直辖市、设区的市级人民政府公布的本地区上年度职工月平均工资三倍的，向其支付经济补偿的标准按职工月平均工资三倍的数额支付，向其支付经济补偿的年限最高不超过十二年。

本条所称月工资是指劳动者在劳动合同解除或者终止前十二个月的平均工资。

第八十七条 用人单位违反本法规定解除或者终止劳动合同的，应当依照本法第四十七条①规定的经济补偿标准的二倍向劳动者支付赔偿金。

法理荟萃

用人单位解除或终止劳动合同要分情况对待。用人单位违法解除终止合同要对劳动者进行赔偿。依法解除、终止劳动合同的，有时也要依法向劳动者支付经济补偿。

劳动者被违法解雇时，可以同时要求补偿金和赔偿金吗？

现实困惑

张某是某建筑公司的工人，在一次大楼修建中从楼上不慎摔下，造成全身多处受伤。经鉴定张某已经部分丧失劳动能力，不能再从事繁重的建筑劳动。建筑公司见此情况觉得张某无法再胜任公司工作，便在支付了张某的医疗等费用后单方解除了与张某的劳动合同。张某十分不满，觉得公司解除合同违法，要求公司同时支付补偿金和赔偿金。那么张某能够同时要求公司支付补偿金和赔偿金吗？

---

① 《中华人民共和国劳动合同法》

第四十七条 经济补偿按劳动者在本单位工作的年限，每满一年支付一个月工资的标准向劳动者支付。六个月以上不满一年的，按一年计算；不满六个月的，向劳动者支付半个月工资的经济补偿。

劳动者月工资高于用人单位所在直辖市、设区的市级人民政府公布的本地区上年度职工月平均工资三倍的，向其支付经济补偿的标准按职工月平均工资三倍的数额支付，向其支付经济补偿的年限最高不超过十二年。

本条所称月工资是指劳动者在劳动合同解除或者终止前十二个月的平均工资。

律师答疑

依照《劳动合同法》第四十二条的规定，张某在本单位因工负伤并被确认部分丧失劳动能力，建筑公司是不能以其不能胜任工作为由而解除劳动合同的。建筑公司解除合同的行为是一种违法行为。根据《劳动合同法实施条例》第二十五条的规定，用人单位违反劳动合同法的规定解除或者终止劳动合同，依照劳动合同法第八十七条的规定支付了赔偿金的，不再支付经济补偿。所以，张某要求建筑公司同时支付补偿金和赔偿金的请求是不能实现的。对于张某的情况，我们建议他去申请做工伤认定。如果公司没有给张某上工伤保险，其不仅要赔偿张某应享有的工伤保险待遇，还要因违法解除劳动合同一事给付张某赔偿金。

法条链接

《中华人民共和国劳动合同法实施条例》

第二十五条 用人单位违反劳动合同法的规定解除或者终止劳动合同，依照劳动合同法第八十七条的规定支付了赔偿金的，不再支付经济补偿。赔偿金的计算年限自用工之日起计算。

《中华人民共和国劳动合同法》

第四十二条 劳动者有下列情形之一的，用人单位不得依照本法第四十条、第四十一条的规定解除劳动合同：

（一）从事接触职业病危害作业的劳动者未进行离岗前职业健康检查，或者疑似职业病病人在诊断或者医学观察期间的；

（二）在本单位患职业病或者因工负伤并被确认丧失或者部分丧失劳动能力的；

……

第八十七条 用人单位违反本法规定解除或者终止劳动合同的，应当依照本法第四十七条规定的经济补偿标准的二倍向劳动者支付赔偿金。

法理荟萃

离职时的经济赔偿金只适用于用人单位违法解除或者终止与劳动者劳动合同的条件下，其他情况并不适用。并且需要注意，经济补偿金和经济赔偿金二者是不能同时适用的。

第八章　劳动合同示范文本
——拿来即用的合同书

固定期限劳动合同模板

编号：_____

劳 动 合 同 书[①]

（固定期限）

甲　　方：_____
乙　　方：_____
签订日期：____年___月___日

根据《中华人民共和国劳动法》、《中华人民共和国劳动合同法》和有关法律、法规，甲乙双方经平等自愿、协商一致签订本合同，共同遵守本合同所列条款。

一、劳动合同双方当事人基本情况

第一条　甲方_____
法定代表人（主要负责人）或委托代理人_____
注册地址_____
经营地址_____

[①] 北京市人力资源和社会保障局监制。

第二条　乙方＿＿＿＿＿＿＿＿＿＿＿＿＿＿性别＿＿＿＿＿＿＿＿

户籍类型（非农业、农业）＿＿＿＿＿＿＿＿＿＿＿＿＿＿＿

居民身份证号码＿＿＿＿＿＿＿＿＿＿＿＿＿＿＿＿＿＿＿＿

或者其他有效证件名称＿＿＿＿＿＿＿＿＿证件号码＿＿＿＿＿

在甲方工作起始时间＿＿＿＿年＿＿月＿＿日

家庭住址＿＿＿＿＿＿＿＿＿＿＿＿＿＿＿＿邮政编码＿＿＿＿

在京居住地址＿＿＿＿＿＿＿＿＿＿＿＿＿＿邮政编码＿＿＿＿

户口所在地＿＿＿＿＿＿省（市）＿＿＿＿区（县）＿＿＿＿街道（乡镇）

二、劳动合同期限

第三条　本合同为固定期限劳动合同。

本合同于＿＿＿＿年＿＿月＿＿日至＿＿＿＿年＿＿月＿＿日止，其中试用期至＿＿＿＿年＿＿月＿＿日止。

三、工作内容和工作地点

第四条　乙方同意根据甲方工作需要，担任＿＿＿＿＿＿＿＿岗位（工种）工作。

第五条　根据甲方的岗位（工种）作业特点，乙方的工作区域或工作地点为＿＿＿＿＿＿＿＿＿＿＿＿＿＿＿＿＿＿＿＿＿＿＿＿＿＿＿＿

第六条　乙方工作应达到＿＿＿＿＿＿＿＿＿＿＿＿＿＿＿＿标准。

四、工作时间和休息休假

第七条　甲方安排乙方执行＿＿＿＿＿＿＿＿＿＿＿＿＿＿工时制度。

执行标准工时制度的，乙方每天工作时间不超过8小时，每周工作不超过40小时。每周休息日为

甲方安排乙方执行综合计算工时工作制度或者不定时工作制度的，应当事先取得劳动行政部门特殊工时制度的行政许可决定。

第八条　甲方对乙方实行的休假制度有＿＿＿＿＿＿＿＿＿＿＿＿＿＿

五、劳动报酬

第九条 乙方在甲方工作期间，甲乙双方协商一致，实行岗位薪资制。

第十条 乙方工资构成为：基本工资+岗位津贴_____。（其中月基本工资为_____元，甲方保证乙方工资不低于北京最低工资标准，奖金、补贴等参照公司有关制度。）甲乙双方计算加班工资、假期工资时按以上述约定的基本工资计算。

第十一条 乙方的工作岗位或职务发生变化时，甲方可对乙方的工资待遇予以调整。甲方也可以根据乙方的劳动态度、工作绩效调整乙方的工资待遇。

第十二条 甲方于每月_____日之前发放工资。如遇节假日或休息日，则顺延到最近的工作日支付。

第十三条 乙方同意，甲方可根据单位的经营状况和依法制定的薪酬制度调整乙方工资。

六、社会保险及其他保险福利待遇

第十四条 甲乙双方按国家和北京市的规定参加社会保险。甲方为乙方办理有关社会保险手续，并承担相应社会保险义务。

第十五条 乙方患病或非因工负伤的医疗待遇按国家、北京市有关规定执行。甲方按_____支付乙方病假工资。

第十六条 乙方患职业病或因工负伤的待遇按国家和北京市的有关规定执行。

第十七条 甲方为乙方提供以下福利待遇_____

七、劳动保护、劳动条件和职业危害防护

第十八条 甲方根据生产岗位的需要，按照国家有关劳动安全、卫生的规定为乙方配备必要的安全防护措施，发放必要的劳动保护用品。

第十九条　甲方根据国家有关法律、法规，建立安全生产制度；乙方应当严格遵守甲方的劳动安全制度，严禁违章作业，防止劳动过程中的事故，减少职业危害。

第二十条　甲方应当建立、健全职业病防治责任制度，加强对职业病防治的管理，提高职业病防治水平。

八、劳动合同的解除、终止和经济补偿

第二十一条　甲乙双方解除、终止、续订劳动合同应当依照《中华人民共和国劳动合同法》和国家及北京市有关规定执行。

第二十二条　甲方应当在解除或者终止本合同时，为乙方出具解除或者终止劳动合同的证明，并在十五日内为乙方办理档案和社会保险关系转移手续。

第二十三条　乙方应当按照双方约定，办理工作交接。应当支付经济补偿的，在办结工作交接时支付。

九、当事人约定的其他内容

第二十四条　甲乙双方约定本合同增加以下内容：

_____

_____

十、劳动争议处理及其它

第二十五条　双方因履行本合同发生争议，当事人可以向甲方劳动争议调解委员会申请调解；调解不成的，可以向劳动争议仲裁委员会申请仲裁。

当事人一方也可以直接向劳动争议仲裁委员会申请仲裁。

第二十六条　本合同的附件如下_____

_____

第二十七条　本合同未尽事宜或与今后国家、北京市有关规定相悖的，按有关规定执行。

第二十八条 本合同一式两份，甲乙双方各执一份。

甲方（公　章）　　　　　　　　乙方（签字或盖章）

法定代表人（主要负责人）或委托代理人

（签字或盖章）

签订日期：　　　年　　月　　日

劳动合同变更书

经甲乙双方协商一致，对本合同做以下变更：

甲方（公　章）　　　　　　乙方（签字或盖章）

法定代表人（主要负责人）或委托代理人

（签字或盖章）
　　　　年　　月　　日

使 用 说 明

一、本合同书可作为用人单位与职工签订劳动合同时使用。

二、用人单位与职工使用本合同书签订劳动合同时，凡需要双方协商约定的内容，协商一致后填写在相应的空格内。

签订劳动合同，甲方应加盖公章；法定代表人或主要负责人应本人签字或盖章。

三、经当事人双方协商需要增加的条款，在本合同书中第二十一条中写明。

四、当事人约定的其他内容，劳动合同的变更等内容在本合同内填写不下时，可另附纸。

五、本合同应使钢笔或签字笔填写，字迹清楚，文字简练、准确，不得涂改。

六、本合同一式两份，甲乙双方各持一份，交乙方的不得由甲方代为保管。

劳务合同模版

劳务合同

甲方：

乙方：　　　　　　　　身份证号码：

鉴于乙方已退休，依照《中华人民共和国民法典》以及相关规定，甲、乙双方经平等自愿协商，签订本协议：

一、承揽事项

1. 乙方按甲方要求提供劳务，甲方向乙方支付报酬。

2. 乙方服务内容：_____

3. 乙方应自主完成相关服务，不得转委托他人。

二、合同期限

1. 合同期限为：自＿＿＿年＿＿＿月＿＿＿日起至＿＿＿年＿＿＿月＿＿＿日止。

2. 如在合同期限届满后乙方仍为甲方提供本合同约定之服务，则视为本合同顺延。

3. 甲方提前＿＿＿日通知乙方，可解除本合同。除正常结算费用外，无需承担其它违约责任。

三、劳务费用

1. 计费标准：按下列第＿＿＿种方式计费：

（1）每月/周人民币＿＿＿元。

（2）计件付费。计件标准为：＿＿＿＿＿＿＿＿＿＿＿＿＿＿＿

2. 结算及付款时间：每月/周＿＿＿日前结算支付上月/周费用。

3. 本条约定之费用已包括全部成本费用及报酬，除此之外，甲方无需再向乙方支付其它任何费用。

四、知识产权与保密

1. 乙方履行本协议而产生的任何形态的作品（包括但不限于文字作品、图画作品、音像资料、课件等），其全部知识产权均归甲方所有，包括但不限于著作权、专利权、商标权及商业秘密方面的权利。

2. 乙方承诺保守在履行本合同过程中得知的甲方商业秘密。

五、确认与声明

1. 乙方自担风险，自负盈亏，自行以符合安全规范和技术规范的方式履行合同。

2. 乙方在提供劳务过程中受到人身损害或财产损失的，由乙方自行负责，甲方对此不承担任何责任。如甲方配合乙方购买＿＿＿险，则保险费从劳务费中扣除。如甲方为乙方出资购买了保险（包括但不限于意外伤害保险、医疗保险等），则一旦发生应由甲方承担责任的事宜，保险赔付金额应计算在甲方的赔偿金额之中。

3. 甲方与乙方之间不建立劳动关系、雇佣关系、劳务派遣关系或类似关系，不对乙方进行管理，不对乙方承担劳动法上的义务，不适用《劳动法》、《劳动合同法》等劳动法规。如因服务需要乙方需配带甲方标志、办理员工卡或办理与甲方员工类似的手续，亦不代表双方建立劳动关系。

六、合同联系方式

乙方联系方式：

邮寄地址：＿＿＿＿＿＿＿＿＿＿＿＿＿＿＿＿

联 系 人：＿＿＿＿＿＿＿＿＿＿＿＿＿＿＿＿

电　　话：＿＿＿＿＿＿＿＿＿＿＿＿＿＿＿＿

电子邮箱：＿＿＿＿＿＿＿＿＿＿＿＿＿＿＿＿

甲方通过上述联系方式之任何一种（包括电子邮箱），就本合同有关事项向乙方发送相关通知等，均视为有效送达与告知乙方，无论乙方是否实际查阅。上述邮寄送达地址同时作为有效司法送达地址。

乙方变更通知或通讯地址，应自变更之日起三日内，以书面形式通知甲方；否则，由乙方承担由此而引起的相关责任。

七、争议解决方式

合同履行中若发生争议，由双方自行协商解决；协商不成时，合同双方均可将争议提交甲方所在地人民法院管辖。

八、附则

1. 本合同一式两份，双方各执一份，具有同等法律效力。

2. 本合同自双方签字（捺印）盖章之日起生效。

签署时间：＿＿＿年＿＿月＿＿日

甲方（盖章）：

乙方（签字并捺印）：

乙方特别声明

乙方确认：

1. 甲乙双方为本合同约定的劳务关系，不构成劳动关系或雇佣关系，乙方不得向甲方主张劳动法上的任何权利、待遇、赔偿；

2. 甲方无需为乙方缴纳社保、公积金，乙方不得向甲方要求工伤等任何社保待遇；

3. 乙方提供劳务期间如发生人身或财产损害，应由乙方自行承担责任，甲方不承担工伤或其它赔偿责任；

4. 乙方已经详细阅读并同意履行本协议。

乙方（签字）：

仲裁申请书模板

申请书

劳动者/申请人/投诉（来访）人		用人单位/被申请人	
姓　　名		单位名称 （营业执照名称）	
性　　别			
出生日期		企业性质	
户口性质		中方主管单位	
户口所在 地地址		法定代表人 （负责人）	姓　名
			职　务
			电　话
经常居住 地地址		住　所　地 （营业执照注册地）	
身份证件 类型		劳动合同履行地 或用工单位所在地	
身份证件 号码		上址是否办公	
		新办公经营地址	
电　话		劳资负责人	姓名
			电话

请求事项/反映问题：

1. 请求被申请人支付违法解除劳动合同赔偿金×××_____；____

2. 请求被申请人支付申请人×××期间未休年休假工资×××。

事实和理由：申请人于×××入职被申请人，签署固定期限劳动合同，任×××一职，月工资×××元。后被申请人于×××向申请人送达《解除劳动合同通知书》，违法解除劳动合同，此外，被申请人尚未支付申请人×××期间未休年休假工资。依据《中华人民共和国劳动法》、《中华人民共和国劳动合同法》及相关法律规定，特向贵委申请仲裁，望依法支持。

劳动者/申请人/投诉（来访）人（签名或盖章）：

年　月　日

30 项劳动仲裁请求

在劳动仲裁中，当事人提出的仲裁请求一般有：

1. 确认存在劳动关系
2. 未签订劳动合同的二倍工资差额
3. 未签订无固定期限劳动合同二倍工资差额
4. 未续签劳动合同的二倍工资差额
5. 工资
6. 加班工资
7. 要求支付病假工资
8. 要求支付未休年休假工资
9. 解除劳动合同经济补偿金
10. 违法解除劳动合同赔偿金
11. 违法终止劳动合同赔偿金
12. 要求支付违法约定试用期的赔偿金
13. 员工离职未提前通知的损失赔偿

14. 要求支付未依法缴纳养老保险的赔偿金
15. 要求支付未依法缴纳失业保险的赔偿金
16. 要求赔偿医疗保险、生育保险待遇损失
17. 要求签订无固定期限劳动合同
18. 要求支付待岗期间生活费
19. 要求开具解除/终止劳动合同证明
20. 工伤保险待遇赔偿
21. 继续履行劳动合同
22. 要求支付仲裁/诉讼期间工资损失
23. 未提前三十日通知劳动者劳动合同到期终止赔偿
24. 解除劳动合同要求额外支付一个月工资赔偿
25. 工作年限连续计算和要求关联单位承担连带责任
26. 竞业限制及保密义务
27. 要求支付违反服务期约定的违约金
28. 要求赔偿丢失档案造成的损失
29. 要求撤销除名、开除、辞退等决定
30. 要求赔偿给用人单位造成的经济损失

附录法规

中华人民共和国
劳动合同法

（2007年6月29日第十届全国人民代表大会常务委员会第二十八次会议通过 根据2012年12月28日第十一届全国人民代表大会常务委员会第三十次会议《关于修改〈中华人民共和国劳动合同法〉的决定》修正）

第一章 总 则

第一条 【立法宗旨】 为了完善劳动合同制度，明确劳动合同双方当事人的权利和义务，保护劳动者的合法权益，构建和发展和谐稳定的劳动关系，制定本法。

第二条 【适用范围】 中华人民共和国境内的企业、个体经济组织、民办非企业单位等组织（以下称用人单位）与劳动者建立劳动关系，订立、履行、变更、解除或者终止劳动合同，适用本法。

国家机关、事业单位、社会团体和与其建立劳动关系的劳动者，订立、履行、变更、解除或者终止劳动合同，依照本法执行。

第三条 【基本原则】 订立劳动合同，应当遵循合法、公平、平等自愿、协商一致、诚实信用的原则。

依法订立的劳动合同具有约束力，用人单位与劳动者应当履行劳动合同约定的义务。

第四条 【规章制度】 用人单位应当依法建立和完善劳动规章制度，保障劳动者享有劳动权利、履行劳动义务。

用人单位在制定、修改或者决定有关劳动报酬、工作时间、休息休假、劳动安全卫生、保险福利、职工培训、劳动纪律以及劳动定额管理等直接涉及劳动者切身利益的规章制度或者重大事项时，应当经职工代表大会或者全体职工讨论，提出方案和意见，与工会或者职工代表平等协商确定。

在规章制度和重大事项决定实施过程中，工会或者职工认为不适当的，有权向用人单位提出，通过协商予以修改完善。

用人单位应当将直接涉及劳动者切身利益的规章制度和重大事项决定公示，或者告知劳动者。

第五条 【协调劳动关系三方机制】县级以上人民政府劳动行政部门会同工会和企业方面代表，建立健全协调劳动关系三方机制，共同研究解决有关劳动关系的重大问题。

第六条 【集体协商机制】工会应当帮助、指导劳动者与用人单位依法订立和履行劳动合同，并与用人单位建立集体协商机制，维护劳动者的合法权益。

第二章 劳动合同的订立

第七条 【劳动关系的建立】用人单位自用工之日起即与劳动者建立劳动关系。用人单位应当建立职工名册备查。

第八条 【用人单位的告知义务和劳动者的说明义务】用人单位招用劳动者时，应当如实告知劳动者工作内容、工作条件、工作地点、职业危害、安全生产状况、劳动报酬，以及劳动者要求了解的其他情况；用人单位有权了解劳动者与劳动合同直接相关的基本情况，劳动者应当如实说明。

第九条 【用人单位不得扣押劳动者证件和要求提供担保】用人单位招用劳动者，不得扣押劳动者的居民身份证和其他证件，不得要求劳动者提供担保或者以其他名义向劳动者收取财物。

第十条 【订立书面劳动合同】建立劳动关系，应当订立书面劳动合同。

已建立劳动关系，未同时订立书面劳动合同的，应当自用工之日起一个月内订立书面劳动合同。

用人单位与劳动者在用工前订立劳动合同的，劳动关系自用工之日起建立。

第十一条 【未订立书面劳动合同时劳动报酬不明确的解决】用人单位未在用工的同时订立书面劳动合同，与劳动者约定的劳动报酬不明确的，新招用的劳动者的劳动报酬按照集体合同规定的标准执行；没有集体合同或者集体合同未规定的，实行同工同酬。

第十二条 【劳动合同的种类】劳动合同分为固定期限劳动合同、无固定期限劳动合同和以完成一定工作任务为期限的劳动合同。

第十三条 【固定期限劳动合同】固定期限劳动合同，是指用人单位与劳动者约定合同终止时间的劳动合同。

用人单位与劳动者协商一致，可以订立固定期限劳动合同。

第十四条 【无固定期限劳动合同】无固定期限劳动合同，是指用人单位与劳动者约定无确定终止时间的劳动合同。

用人单位与劳动者协商一致，可以订立无固定期限劳动合同。有下列情形之一，劳动者提出或者同意续订、订立劳动合同的，除劳动者提出订立固定期限劳动合同外，应当订立无固定期限劳动合同：

（一）劳动者在该用人单位连续工作满十年的；

（二）用人单位初次实行劳动合同制度或者国有企业改制重新订立劳动合同时，劳动者在该用人单位连续工作满十年且距法定退休年龄不足十年的；

（三）连续订立二次固定期限劳动合同，且劳动者没有本法第三十九条和第四十条第一项、第二项规定的情形，续订劳动合同的。

用人单位自用工之日起满一年不与劳动者订立书面劳动合同的，视为用人单位与劳动者已订立无固定期限劳动合同。

第十五条　【以完成一定工作任务为期限的劳动合同】以完成一定工作任务为期限的劳动合同，是指用人单位与劳动者约定以某项工作的完成为合同期限的劳动合同。

用人单位与劳动者协商一致，可以订立以完成一定工作任务为期限的劳动合同。

第十六条　【劳动合同的生效】劳动合同由用人单位与劳动者协商一致，并经用人单位与劳动者在劳动合同文本上签字或者盖章生效。

劳动合同文本由用人单位和劳动者各执一份。

第十七条　【劳动合同的内容】劳动合同应当具备以下条款：

（一）用人单位的名称、住所和法定代表人或者主要负责人；

（二）劳动者的姓名、住址和居民身份证或者其他有效身份证件号码；

（三）劳动合同期限；

（四）工作内容和工作地点；

（五）工作时间和休息休假；

（六）劳动报酬；

（七）社会保险；

（八）劳动保护、劳动条件和职业危害防护；

（九）法律、法规规定应当纳入劳动合同的其他事项。

劳动合同除前款规定的必备条款外，用人单位与劳动者可以约定试用期、培训、保守秘密、补充保险和福利待遇等其他事项。

第十八条　【劳动合同对劳动报酬和劳动条件约定不明确的解决】劳动合同对劳动报酬和劳动条件等标准约定不明确，引发争议的，用人单位与劳动者可以重新协商；协商不成的，适用集体合同规定；没有集体合同或者集体合同未规定劳动报酬的，实行同工同酬；没有集体合同或者集体合同未规定劳动条件等标准的，适用国家有关规定。

第十九条　【试用期】劳动合同

期限三个月以上不满一年的,试用期不得超过一个月;劳动合同期限一年以上不满三年的,试用期不得超过二个月;三年以上固定期限和无固定期限的劳动合同,试用期不得超过六个月。

同一用人单位与同一劳动者只能约定一次试用期。

以完成一定工作任务为期限的劳动合同或者劳动合同期限不满三个月的,不得约定试用期。

试用期包含在劳动合同期限内。劳动合同仅约定试用期的,试用期不成立,该期限为劳动合同期限。

第二十条 【试用期工资】劳动者在试用期的工资不得低于本单位相同岗位最低档工资或者劳动合同约定工资的百分之八十,并不得低于用人单位所在地的最低工资标准。

第二十一条 【试用期内解除劳动合同】在试用期中,除劳动者有本法第三十九条和第四十条第一项、第二项规定的情形外,用人单位不得解除劳动合同。用人单位在试用期解除劳动合同的,应当向劳动者说明理由。

第二十二条 【服务期】用人单位为劳动者提供专项培训费用,对其进行专业技术培训的,可以与该劳动者订立协议,约定服务期。

劳动者违反服务期约定的,应当按照约定向用人单位支付违约金。违约金的数额不得超过用人单位提供的培训费用。用人单位要求劳动者支付的违约金不得超过服务期尚未履行部分所应分摊的培训费用。

用人单位与劳动者约定服务期的,不影响按照正常的工资调整机制提高劳动者在服务期期间的劳动报酬。

第二十三条 【保密义务和竞业限制】用人单位与劳动者可以在劳动合同中约定保守用人单位的商业秘密和与知识产权相关的保密事项。

对负有保密义务的劳动者,用人单位可以在劳动合同或者保密协议中与劳动者约定竞业限制条款,并约定在解除或者终止劳动合同后,在竞业限制期限内按月给予劳动者经济补偿。劳动者违反竞业限制约定的,应当按照约定向用人单位支付违约金。

第二十四条 【竞业限制的范围和期限】竞业限制的人员限于用人单位的高级管理人员、高级技术人员和其他负有保密义务的人员。竞业限制的范围、地域、期限由用人单位与劳动者约定,竞业限制的约定不得违反法律、法规的规定。

在解除或者终止劳动合同后,前款规定的人员到与本单位生产或者经营同类产品、从事同类业务的有竞争关系的其他用人单位,或者自己开业生产或者经营同类产品、从事同类业务的竞业限制期限,不得超过二年。

第二十五条 【违约金】除本法

第二十二条和第二十三条规定的情形外，用人单位不得与劳动者约定由劳动者承担违约金。

第二十六条　【劳动合同的无效】 下列劳动合同无效或者部分无效：

（一）以欺诈、胁迫的手段或者乘人之危，使对方在违背真实意思的情况下订立或者变更劳动合同的；

（二）用人单位免除自己的法定责任、排除劳动者权利的；

（三）违反法律、行政法规强制性规定的。

对劳动合同的无效或者部分无效有争议的，由劳动争议仲裁机构或者人民法院确认。

第二十七条　【劳动合同部分无效】 劳动合同部分无效，不影响其他部分效力的，其他部分仍然有效。

第二十八条　【劳动合同无效后劳动报酬的支付】 劳动合同被确认无效，劳动者已付出劳动的，用人单位应当向劳动者支付劳动报酬。劳动报酬的数额，参照本单位相同或者相近岗位劳动者的劳动报酬确定。

第三章　劳动合同的履行和变更

第二十九条　【劳动合同的履行】 用人单位与劳动者应当按照劳动合同的约定，全面履行各自的义务。

第三十条　【劳动报酬】 用人单位应当按照劳动合同约定和国家规定，向劳动者及时足额支付劳动报酬。

用人单位拖欠或者未足额支付劳动报酬的，劳动者可以依法向当地人民法院申请支付令，人民法院应当依法发出支付令。

第三十一条　【加班】 用人单位应当严格执行劳动定额标准，不得强迫或者变相强迫劳动者加班。用人单位安排加班的，应当按照国家有关规定向劳动者支付加班费。

第三十二条　【劳动者拒绝违章指挥、强令冒险作业】 劳动者拒绝用人单位管理人员违章指挥、强令冒险作业的，不视为违反劳动合同。

劳动者对危害生命安全和身体健康的劳动条件，有权对用人单位提出批评、检举和控告。

第三十三条　【用人单位名称、法定代表人等的变更】 用人单位变更名称、法定代表人、主要负责人或者投资人等事项，不影响劳动合同的履行。

第三十四条　【用人单位合并或者分立】 用人单位发生合并或者分立等情况，原劳动合同继续有效，劳动合同由承继其权利和义务的用人单位继续履行。

第三十五条　【劳动合同的变更】 用人单位与劳动者协商一致，可以变更劳动合同约定的内容。变更劳动合同，应当采用书面形式。

（一）劳动合同期满的；

（二）劳动者开始依法享受基本养老保险待遇的；

（三）劳动者死亡，或者被人民法院宣告死亡或者宣告失踪的；

（四）用人单位被依法宣告破产的；

（五）用人单位被吊销营业执照、责令关闭、撤销或者用人单位决定提前解散的；

（六）法律、行政法规规定的其他情形。

第四十五条　【劳动合同的逾期终止】 劳动合同期满，有本法第四十二条规定情形之一的，劳动合同应当续延至相应的情形消失时终止。但是，本法第四十二条第二项规定丧失或者部分丧失劳动能力劳动者的劳动合同的终止，按照国家有关工伤保险的规定执行。

第四十六条　【经济补偿】 有下列情形之一的，用人单位应当向劳动者支付经济补偿：

（一）劳动者依照本法第三十八条规定解除劳动合同的；

（二）用人单位依照本法第三十六条规定向劳动者提出解除劳动合同并与劳动者协商一致解除劳动合同的；

（三）用人单位依照本法第四十条规定解除劳动合同的；

（四）用人单位依照本法第四十一条第一款规定解除劳动合同的；

（五）除用人单位维持或者提高劳动合同约定条件续订劳动合同，劳动者不同意续订的情形外，依照本法第四十四条第一项规定终止固定期限劳动合同的；

（六）依照本法第四十四条第四项、第五项规定终止劳动合同的；

（七）法律、行政法规规定的其他情形。

第四十七条　【经济补偿的计算】 经济补偿按劳动者在本单位工作的年限，每满一年支付一个月工资的标准向劳动者支付。六个月以上不满一年的，按一年计算；不满六个月的，向劳动者支付半个月工资的经济补偿。

劳动者月工资高于用人单位所在直辖市、设区的市级人民政府公布的本地区上年度职工月平均工资三倍的，向其支付经济补偿的标准按职工月平均工资三倍的数额支付，向其支付经济补偿的年限最高不超过十二年。

本条所称月工资是指劳动者在劳动合同解除或者终止前十二个月的平均工资。

第四十八条　【违法解除或者终止劳动合同的法律后果】 用人单位违反本法规定解除或者终止劳动合同，劳动者要求继续履行劳动合同的，用人单位应当继续履行；劳动者不要求继续履行劳动合同或者劳动合同已经不能继续履行的，用人单位应当依照本法第八十七条规定支付赔偿金。

第四十九条 【社会保险关系跨地区转移接续】国家采取措施，建立健全劳动者社会保险关系跨地区转移接续制度。

第五十条 【劳动合同解除或者终止后双方的义务】用人单位应当在解除或者终止劳动合同时出具解除或者终止劳动合同的证明，并在十五日内为劳动者办理档案和社会保险关系转移手续。

劳动者应当按照双方约定，办理工作交接。用人单位依照本法有关规定应当向劳动者支付经济补偿的，在办结工作交接时支付。

用人单位对已经解除或者终止的劳动合同的文本，至少保存二年备查。

第五章 特别规定

第一节 集体合同

第五十一条 【集体合同的订立和内容】企业职工一方与用人单位通过平等协商，可以就劳动报酬、工作时间、休息休假、劳动安全卫生、保险福利等事项订立集体合同。集体合同草案应当提交职工代表大会或者全体职工讨论通过。

集体合同由工会代表企业职工一方与用人单位订立；尚未建立工会的用人单位，由上级工会指导劳动者推举的代表与用人单位订立。

第五十二条 【专项集体合同】企业职工一方与用人单位可以订立劳动安全卫生、女职工权益保护、工资调整机制等专项集体合同。

第五十三条 【行业性集体合同、区域性集体合同】在县级以下区域内，建筑业、采矿业、餐饮服务业等行业可以由工会与企业方面代表订立行业性集体合同，或者订立区域性集体合同。

第五十四条 【集体合同的报送和生效】集体合同订立后，应当报送劳动行政部门；劳动行政部门自收到集体合同文本之日起十五日内未提出异议的，集体合同即行生效。

依法订立的集体合同对用人单位和劳动者具有约束力。行业性、区域性集体合同对当地本行业、本区域的用人单位和劳动者具有约束力。

第五十五条 【集体合同中劳动报酬、劳动条件等标准】集体合同中劳动报酬和劳动条件等标准不得低于当地人民政府规定的最低标准；用人单位与劳动者订立的劳动合同中劳动报酬和劳动条件等标准不得低于集体合同规定的标准。

第五十六条 【集体合同纠纷和法律救济】用人单位违反集体合同，侵犯职工劳动权益的，工会可以依法要求用人单位承担责任；因履行集体合同发生争议，经协商解决不成的，工会可以依法申请仲裁、提起诉讼。

第二节 劳务派遣

第五十七条 【劳务派遣单位的设立】 经营劳务派遣业务应当具备下列条件：

（一）注册资本不得少于人民币二百万元；

（二）有与开展业务相适应的固定的经营场所和设施；

（三）有符合法律、行政法规规定的劳务派遣管理制度；

（四）法律、行政法规规定的其他条件。

经营劳务派遣业务，应当向劳动行政部门依法申请行政许可；经许可的，依法办理相应的公司登记。未经许可，任何单位和个人不得经营劳务派遣业务。

第五十八条 【劳务派遣单位、用工单位及劳动者的权利义务】 劳务派遣单位是本法所称用人单位，应当履行用人单位对劳动者的义务。劳务派遣单位与被派遣劳动者订立的劳动合同，除应当载明本法第十七条规定的事项外，还应当载明被派遣劳动者的用工单位以及派遣期限、工作岗位等情况。

劳务派遣单位应当与被派遣劳动者订立二年以上的固定期限劳动合同，按月支付劳动报酬；被派遣劳动者在无工作期间，劳务派遣单位应当按照所在地人民政府规定的最低工资标准，向其按月支付报酬。

第五十九条 【劳务派遣协议】 劳务派遣单位派遣劳动者应当与接受以劳务派遣形式用工的单位（以下称用工单位）订立劳务派遣协议。劳务派遣协议应当约定派遣岗位和人员数量、派遣期限、劳动报酬和社会保险费的数额与支付方式以及违反协议的责任。

用工单位应当根据工作岗位的实际需要与劳务派遣单位确定派遣期限，不得将连续用工期限分割订立数个短期劳务派遣协议。

第六十条 【劳务派遣单位的告知义务】 劳务派遣单位应当将劳务派遣协议的内容告知被派遣劳动者。

劳务派遣单位不得克扣用工单位按照劳务派遣协议支付给被派遣劳动者的劳动报酬。

劳务派遣单位和用工单位不得向被派遣劳动者收取费用。

第六十一条 【跨地区派遣劳动者的劳动报酬、劳动条件】 劳务派遣单位跨地区派遣劳动者的，被派遣劳动者享有的劳动报酬和劳动条件，按照用工单位所在地的标准执行。

第六十二条 【用工单位的义务】 用工单位应当履行下列义务：

（一）执行国家劳动标准，提供相

应的劳动条件和劳动保护；

（二）告知被派遣劳动者的工作要求和劳动报酬；

（三）支付加班费、绩效奖金，提供与工作岗位相关的福利待遇；

（四）对在岗被派遣劳动者进行工作岗位所必需的培训；

（五）连续用工的，实行正常的工资调整机制。

用工单位不得将被派遣劳动者再派遣到其他用人单位。

第六十三条　【被派遣劳动者同工同酬】被派遣劳动者享有与用工单位的劳动者同工同酬的权利。用工单位应当按照同工同酬原则，对被派遣劳动者与本单位同类岗位的劳动者实行相同的劳动报酬分配办法。用工单位无同类岗位劳动者的，参照用工单位所在地相同或者相近岗位劳动者的劳动报酬确定。

劳务派遣单位与被派遣劳动者订立的劳动合同和与用工单位订立的劳务派遣协议，载明或者约定的向被派遣劳动者支付的劳动报酬应当符合前款规定。

第六十四条　【被派遣劳动者参加或者组织工会】被派遣劳动者有权在劳务派遣单位或者用工单位依法参加或者组织工会，维护自身的合法权益。

第六十五条　【劳务派遣中解除劳动合同】被派遣劳动者可以依照本法第三十六条、第三十八条的规定与劳务派遣单位解除劳动合同。

被派遣劳动者有本法第三十九条和第四十条第一项、第二项规定情形的，用工单位可以将劳动者退回劳务派遣单位，劳务派遣单位依照本法有关规定，可以与劳动者解除劳动合同。

第六十六条　【劳务派遣的适用岗位】劳动合同用工是我国的企业基本用工形式。劳务派遣用工是补充形式，只能在临时性、辅助性或者替代性的工作岗位上实施。

前款规定的临时性工作岗位是指存续时间不超过六个月的岗位；辅助性工作岗位是指为主营业务岗位提供服务的非主营业务岗位；替代性工作岗位是指用工单位的劳动者因脱产学习、休假等原因无法工作的一定期间内，可以由其他劳动者替代工作的岗位。

用工单位应当严格控制劳务派遣用工数量，不得超过其用工总量的一定比例，具体比例由国务院劳动行政部门规定。

第六十七条　【用人单位不得自设劳务派遣单位】用人单位不得设立劳务派遣单位向本单位或者所属单位派遣劳动者。

第三节　非全日制用工

第六十八条　【非全日制用工的概念】非全日制用工，是指以小时计酬为主，劳动者在同一用人单位一般平均每日工作时间不超过四小时,每周工作时间累计不超过二十四小时的用工形式。

第六十九条 【非全日制用工的劳动合同】非全日制用工双方当事人可以订立口头协议。

从事非全日制用工的劳动者可以与一个或者一个以上用人单位订立劳动合同;但是,后订立的劳动合同不得影响先订立的劳动合同的履行。

第七十条 【非全日制用工不得约定试用期】非全日制用工双方当事人不得约定试用期。

第七十一条 【非全日制用工的终止用工】非全日制用工双方当事人任何一方都可以随时通知对方终止用工。终止用工,用人单位不向劳动者支付经济补偿。

第七十二条 【非全日制用工的劳动报酬】非全日制用工小时计酬标准不得低于用人单位所在地人民政府规定的最低小时工资标准。

非全日制用工劳动报酬结算支付周期最长不得超过十五日。

第六章 监督检查

第七十三条 【劳动合同制度的监督管理体制】国务院劳动行政部门负责全国劳动合同制度实施的监督管理。

县级以上地方人民政府劳动行政部门负责本行政区域内劳动合同制度实施的监督管理。

县级以上各级人民政府劳动行政部门在劳动合同制度实施的监督管理工作中,应当听取工会、企业方面代表以及有关行业主管部门的意见。

第七十四条 【劳动行政部门监督检查事项】县级以上地方人民政府劳动行政部门依法对下列实施劳动合同制度的情况进行监督检查:

(一)用人单位制定直接涉及劳动者切身利益的规章制度及其执行的情况;

(二)用人单位与劳动者订立和解除劳动合同的情况;

(三)劳务派遣单位和用工单位遵守劳务派遣有关规定的情况;

(四)用人单位遵守国家关于劳动者工作时间和休息休假规定的情况;

(五)用人单位支付劳动合同约定的劳动报酬和执行最低工资标准的情况;

(六)用人单位参加各项社会保险和缴纳社会保险费的情况;

(七)法律、法规规定的其他劳动监察事项。

第七十五条 【监督检查措施和依法行政、文明执法】县级以上地方人民政府劳动行政部门实施监督检查时,有权查阅与劳动合同、集体合同有关的材料，有权对劳动场所进行实地检查，用人单位和劳动者都应当如实提供有关情况和材料。

劳动行政部门的工作人员进行监督检查，应当出示证件，依法行使职权，文明执法。

第七十六条 【其他有关主管部门的监督管理】县级以上人民政府建设、卫生、安全生产监督管理等有关主管部门在各自职责范围内，对用人单位执行劳动合同制度的情况进行监督管理。

第七十七条 【劳动者权利救济途径】劳动者合法权益受到侵害的，有权要求有关部门依法处理，或者依法申请仲裁、提起诉讼。

第七十八条 【工会监督检查的权利】工会依法维护劳动者的合法权益，对用人单位履行劳动合同、集体合同的情况进行监督。用人单位违反劳动法律、法规和劳动合同、集体合同的，工会有权提出意见或者要求纠正；劳动者申请仲裁、提起诉讼的，工会依法给予支持和帮助。

第七十九条 【对违法行为的举报】任何组织或者个人对违反本法的行为都有权举报，县级以上人民政府劳动行政部门应当及时核实、处理，并对举报有功人员给予奖励。

第七章 法律责任

第八十条 【规章制度违法的法律责任】用人单位直接涉及劳动者切身利益的规章制度违反法律、法规规定的，由劳动行政部门责令改正，给予警告；给劳动者造成损害的，应当承担赔偿责任。

第八十一条 【缺乏必备条款、不提供劳动合同文本的法律责任】用人单位提供的劳动合同文本未载明本法规定的劳动合同必备条款或者用人单位未将劳动合同文本交付劳动者的，由劳动行政部门责令改正；给劳动者造成损害的，应当承担赔偿责任。

第八十二条 【不订立书面劳动合同的法律责任】用人单位自用工之日起超过一个月不满一年未与劳动者订立书面劳动合同的，应当向劳动者每月支付二倍的工资。

用人单位违反本法规定不与劳动者订立无固定期限劳动合同的，自应当订立无固定期限劳动合同之日起向劳动者每月支付二倍的工资。

第八十三条 【违法约定试用期的法律责任】用人单位违反本法规定与劳动者约定试用期的，由劳动行政部门责令改正；违法约定的试用期已经履行的，由用人单位以劳动者试用期满月工资为标准，按已经履行的超过法定试用期的期间向劳动者支付赔偿金。

第八十四条 【扣押劳动者身份证等证件的法律责任】用人单位违反本法规定，扣押劳动者居民身份证等证件的，由劳动行政部门责令限期退还劳动者本人，并依照有关法律规定给予处罚。

用人单位违反本法规定，以担保或者其他名义向劳动者收取财物的，由劳动行政部门责令限期退还劳动者本人，并以每人五百元以上二千元以下的标准处以罚款；给劳动者造成损害的，应当承担赔偿责任。

劳动者依法解除或者终止劳动合同，用人单位扣押劳动者档案或者其他物品的，依照前款规定处罚。

第八十五条 【未依法支付劳动报酬、经济补偿等的法律责任】用人单位有下列情形之一的，由劳动行政部门责令限期支付劳动报酬、加班费或者经济补偿；劳动报酬低于当地最低工资标准的，应当支付其差额部分；逾期不支付的，责令用人单位按应付金额百分之五十以上百分之一百以下的标准向劳动者加付赔偿金：

（一）未按照劳动合同的约定或者国家规定及时足额支付劳动者劳动报酬的；

（二）低于当地最低工资标准支付劳动者工资的；

（三）安排加班不支付加班费的；

（四）解除或者终止劳动合同，未依照本法规定向劳动者支付经济补偿的。

第八十六条 【订立无效劳动合同的法律责任】劳动合同依照本法第二十六条规定被确认无效，给对方造成损害的，有过错的一方应当承担赔偿责任。

第八十七条 【违法解除或者终止劳动合同的法律责任】用人单位违反本法规定解除或者终止劳动合同的，应当依照本法第四十七条规定的经济补偿标准的二倍向劳动者支付赔偿金。

第八十八条 【侵害劳动者人身权益的法律责任】用人单位有下列情形之一的，依法给予行政处罚；构成犯罪的，依法追究刑事责任；给劳动者造成损害的，应当承担赔偿责任：

（一）以暴力、威胁或者非法限制人身自由的手段强迫劳动的；

（二）违章指挥或者强令冒险作业危及劳动者人身安全的；

（三）侮辱、体罚、殴打、非法搜查或者拘禁劳动者的；

（四）劳动条件恶劣、环境污染严重，给劳动者身心健康造成严重损害的。

第八十九条 【不出具解除、终止书面证明的法律责任】用人单位违反本法规定未向劳动者出具解除或者终止劳动合同的书面证明，由劳动行政部门责令改正；给劳动者造成损害的，应当承担赔偿责任。

第九十条　【劳动者的赔偿责任】劳动者违反本法规定解除劳动合同，或者违反劳动合同中约定的保密义务或者竞业限制，给用人单位造成损失的，应当承担赔偿责任。

第九十一条　【用人单位的连带赔偿责任】用人单位招用与其他用人单位尚未解除或者终止劳动合同的劳动者，给其他用人单位造成损失的，应当承担连带赔偿责任。

第九十二条　【劳务派遣单位的法律责任】违反本法规定，未经许可，擅自经营劳务派遣业务的，由劳动行政部门责令停止违法行为，没收违法所得，并处违法所得一倍以上五倍以下的罚款；没有违法所得的，可以处五万元以下的罚款。

劳务派遣单位、用工单位违反本法有关劳务派遣规定的，由劳动行政部门责令限期改正；逾期不改正的，以每人五千元以上一万元以下的标准处以罚款，对劳务派遣单位，吊销其劳务派遣业务经营许可证。用工单位给被派遣劳动者造成损害的，劳务派遣单位与用工单位承担连带赔偿责任。

第九十三条　【无营业执照经营单位的法律责任】对不具备合法经营资格的用人单位的违法犯罪行为，依法追究法律责任；劳动者已经付出劳动的，该单位或者其出资人应当依照本法有关规定向劳动者支付劳动报酬、经济补偿、赔偿金；给劳动者造成损害的，应当承担赔偿责任。

第九十四条　【个人承包经营者的连带赔偿责任】个人承包经营违反本法规定招用劳动者，给劳动者造成损害的，发包的组织与个人承包经营者承担连带赔偿责任。

第九十五条　【不履行法定职责、违法行使职权的法律责任】劳动行政部门和其他有关主管部门及其工作人员玩忽职守、不履行法定职责，或者违法行使职权，给劳动者或者用人单位造成损害的，应当承担赔偿责任；对直接负责的主管人员和其他直接责任人员，依法给予行政处分；构成犯罪的，依法追究刑事责任。

第八章　附　　则

第九十六条　【事业单位聘用制劳动合同的法律适用】事业单位与实行聘用制的工作人员订立、履行、变更、解除或者终止劳动合同，法律、行政法规或者国务院另有规定的，依照其规定；未作规定的，依照本法有关规定执行。

第九十七条　【过渡性条款】本法施行前已依法订立且在本法施行之日存续的劳动合同，继续履行；本法第十四条第二款第三项规定连续订立固定期限劳动合同的次数，自本法施行后续订固定期限劳动合同时开始计算。

本法施行前已建立劳动关系，尚未订立书面劳动合同的，应当自本法施行之日起一个月内订立。

本法施行之日存续的劳动合同在本法施行后解除或者终止，依照本法第四十六条规定应当支付经济补偿的，经济补偿年限自本法施行之日起计算；本法施行前按照当时有关规定，用人单位应当向劳动者支付经济补偿的，按照当时有关规定执行。

第九十八条 【施行时间】本法自2008年1月1日起施行。

中华人民共和国
劳动合同法实施条例

（2008年9月3日国务院第25次常务会议通过 2008年9月18日中华人民共和国国务院令第535号公布 自公布之日起施行）

第一章 总 则

第一条 为了贯彻实施《中华人民共和国劳动合同法》（以下简称劳动合同法），制定本条例。

第二条 各级人民政府和县级以上人民政府劳动行政等有关部门以及工会等组织，应当采取措施，推动劳动合同法的贯彻实施，促进劳动关系的和谐。

第三条 依法成立的会计师事务所、律师事务所等合伙组织和基金会，属于劳动合同法规定的用人单位。

第二章 劳动合同的订立

第四条 劳动合同法规定的用人单位设立的分支机构，依法取得营业执照或者登记证书的，可以作为用人单位与劳动者订立劳动合同；未依法取得营业执照或者登记证书的，受用人单位委托可以与劳动者订立劳动合同。

第五条 自用工之日起一个月内，经用人单位书面通知后，劳动者不与用人单位订立书面劳动合同的，用人单位应当书面通知劳动者终止劳动关系，无需向劳动者支付经济补偿，但是应当依法向劳动者支付其实际工作时间的劳动报酬。

第六条 用人单位自用工之日起超过一个月不满一年未与劳动者订立书面劳动合同的，应当依照劳动合同法第八十二条的规定向劳动者每月支付两倍的工资，并与劳动者补订书面劳动合同；劳动者不与用人单位订立书面劳动合同的，用人单位应当书面通知劳动者终止劳动关系，并依照劳动合同法第四十七条的规定支付经济补偿。

前款规定的用人单位向劳动者每月支付两倍工资的起算时间为用工之日起满一个月的次日，截止时间为补订书面劳动合同的前一日。

第七条　用人单位自用工之日起满一年未与劳动者订立书面劳动合同的，自用工之日起满一个月的次日至满一年的前一日应当依照劳动合同法第八十二条的规定向劳动者每月支付两倍的工资，并视为自用工之日起满一年的当日已经与劳动者订立无固定期限劳动合同，应当立即与劳动者补订书面劳动合同。

第八条　劳动合同法第七条规定的职工名册，应当包括劳动者姓名、性别、公民身份号码、户籍地址及现住址、联系方式、用工形式、用工起始时间、劳动合同期限等内容。

第九条　劳动合同法第十四条第二款规定的连续工作满10年的起始时间，应当自用人单位用工之日起计算，包括劳动合同法施行前的工作年限。

第十条　劳动者非因本人原因从原用人单位被安排到新用人单位工作的，劳动者在原用人单位的工作年限合并计算为新用人单位的工作年限。原用人单位已经向劳动者支付经济补偿的，新用人单位在依法解除、终止劳动合同计算支付经济补偿的工作年限时，不再计算劳动者在原用人单位的工作年限。

第十一条　除劳动者与用人单位协商一致的情形外，劳动者依照劳动合同法第十四条第二款的规定，提出订立无固定期限劳动合同的，用人单位应当与其订立无固定期限劳动合同。对劳动合同的内容，双方应当按照合法、公平、平等自愿、协商一致、诚实信用的原则协商确定；对协商不一致的内容，依照劳动合同法第十八条的规定执行。

第十二条　地方各级人民政府及县级以上地方人民政府有关部门为安置就业困难人员提供的给予岗位补贴和社会保险补贴的公益性岗位，其劳动合同不适用劳动合同法有关无固定期限劳动合同的规定以及支付经济补偿的规定。

第十三条　用人单位与劳动者不得在劳动合同法第四十四条规定的劳动合同终止情形之外约定其他的劳动合同终止条件。

第十四条　劳动合同履行地与用人单位注册地不一致的，有关劳动者的最低工资标准、劳动保护、劳动条件、职业危害防护和本地区上年度职工月平均工资标准等事项，按照劳动合同履行地的有关规定执行；用人单位注册地的有关标准高于劳动合同履行地的有关标准，且用人单位与劳动者约定按照用人单位注册地的有关规定执行的，从其约定。

第十五条　劳动者在试用期的工资不得低于本单位相同岗位最低档工资的80%或者不得低于劳动合同约定工资的80%，并不得低于用人单位所在地的最低工资标准。

第十六条 劳动合同法第二十二条第二款规定的培训费用，包括用人单位为了对劳动者进行专业技术培训而支付的有凭证的培训费用、培训期间的差旅费用以及因培训产生的用于该劳动者的其他直接费用。

第十七条 劳动合同期满，但是用人单位与劳动者依照劳动合同法第二十二条的规定约定的服务期尚未到期的，劳动合同应当续延至服务期满；双方另有约定的，从其约定。

第三章 劳动合同的解除和终止

第十八条 有下列情形之一的，依照劳动合同法规定的条件、程序，劳动者可以与用人单位解除固定期限劳动合同、无固定期限劳动合同或者以完成一定工作任务为期限的劳动合同：

（一）劳动者与用人单位协商一致的；

（二）劳动者提前30日以书面形式通知用人单位的；

（三）劳动者在试用期内提前3日通知用人单位的；

（四）用人单位未按照劳动合同约定提供劳动保护或者劳动条件的；

（五）用人单位未及时足额支付劳动报酬的；

（六）用人单位未依法为劳动者缴纳社会保险费的；

（七）用人单位的规章制度违反法律、法规的规定，损害劳动者权益的；

（八）用人单位以欺诈、胁迫的手段或者乘人之危，使劳动者在违背真实意思的情况下订立或者变更劳动合同的；

（九）用人单位在劳动合同中免除自己的法定责任、排除劳动者权利的；

（十）用人单位违反法律、行政法规强制性规定的；

（十一）用人单位以暴力、威胁或者非法限制人身自由的手段强迫劳动者劳动的；

（十二）用人单位违章指挥、强令冒险作业危及劳动者人身安全的；

（十三）法律、行政法规规定劳动者可以解除劳动合同的其他情形。

第十九条 有下列情形之一的，依照劳动合同法规定的条件、程序，用人单位可以与劳动者解除固定期限劳动合同、无固定期限劳动合同或者以完成一定工作任务为期限的劳动合同：

（一）用人单位与劳动者协商一致的；

（二）劳动者在试用期间被证明不符合录用条件的；

（三）劳动者严重违反用人单位的规章制度的；

（四）劳动者严重失职，营私舞弊，给用人单位造成重大损害的；

（五）劳动者同时与其他用人单位建立劳动关系，对完成本单位的工作任务造成严重影响，或者经用人单位提出，拒不改正的；

（六）劳动者以欺诈、胁迫的手段或者乘人之危，使用人单位在违背真实意思的情况下订立或者变更劳动合同的；

（七）劳动者被依法追究刑事责任的；

（八）劳动者患病或者非因工负伤，在规定的医疗期满后不能从事原工作，也不能从事由用人单位另行安排的工作的；

（九）劳动者不能胜任工作，经过培训或者调整工作岗位，仍不能胜任工作的；

（十）劳动合同订立时所依据的客观情况发生重大变化，致使劳动合同无法履行，经用人单位与劳动者协商，未能就变更劳动合同内容达成协议的；

（十一）用人单位依照企业破产法规定进行重整的；

（十二）用人单位生产经营发生严重困难的；

（十三）企业转产、重大技术革新或者经营方式调整，经变更劳动合同后，仍需裁减人员的；

（十四）其他因劳动合同订立时所依据的客观经济情况发生重大变化，致使劳动合同无法履行的。

第二十条　用人单位依照劳动合同法第四十条的规定，选择额外支付劳动者一个月工资解除劳动合同的，其额外支付的工资应当按照该劳动者上一个月的工资标准确定。

第二十一条　劳动者达到法定退休年龄的，劳动合同终止。

第二十二条　以完成一定工作任务为期限的劳动合同因任务完成而终止的，用人单位应当依照劳动合同法第四十七条的规定向劳动者支付经济补偿。

第二十三条　用人单位依法终止工伤职工的劳动合同的，除依照劳动合同法第四十七条的规定支付经济补偿外，还应当依照国家有关工伤保险的规定支付一次性工伤医疗补助金和伤残就业补助金。

第二十四条　用人单位出具的解除、终止劳动合同的证明，应当写明劳动合同期限、解除或者终止劳动合同的日期、工作岗位、在本单位的工作年限。

第二十五条　用人单位违反劳动合同法的规定解除或者终止劳动合同，依照劳动合同法第八十七条的规定支付了赔偿金的，不再支付经济补偿。赔偿金的计算年限自用工之日起计算。

第二十六条　用人单位与劳动者约定了服务期，劳动者依照劳动合同法第三十八条的规定解除劳动合同的，不属于违反服务期的约定，用人单位不得要求劳动者支付违约金。

有下列情形之一，用人单位与劳动者解除约定服务期的劳动合同的，劳动者应当按照劳动合同的约定向用人单位支付违约金：

（一）劳动者严重违反用人单位的规章制度的；

（二）劳动者严重失职，营私舞弊，给用人单位造成重大损害的；

（三）劳动者同时与其他用人单位建立劳动关系，对完成本单位的工作任务造成严重影响，或者经用人单位提出，拒不改正的；

（四）劳动者以欺诈、胁迫的手段或者乘人之危，使用人单位在违背真实意思的情况下订立或者变更劳动合同的；

（五）劳动者被依法追究刑事责任的。

第二十七条 劳动合同法第四十七条规定的经济补偿的月工资按照劳动者应得工资计算，包括计时工资或者计件工资以及奖金、津贴和补贴等货币性收入。劳动者在劳动合同解除或者终止前12个月的平均工资低于当地最低工资标准的，按照当地最低工资标准计算。劳动者工作不满12个月的，按照实际工作的月数计算平均工资。

第四章 劳务派遣特别规定

第二十八条 用人单位或者其所属单位出资或者合伙设立的劳务派遣单位，向本单位或者所属单位派遣劳动者的，属于劳动合同法第六十七条规定的不得设立的劳务派遣单位。

第二十九条 用工单位应当履行劳动合同法第六十二条规定的义务，维护被派遣劳动者的合法权益。

第三十条 劳务派遣单位不得以非全日制用工形式招用被派遣劳动者。

第三十一条 劳务派遣单位或者被派遣劳动者依法解除、终止劳动合同的经济补偿，依照劳动合同法第四十六条、第四十七条的规定执行。

第三十二条 劳务派遣单位违法解除或者终止被派遣劳动者的劳动合同的，依照劳动合同法第四十八条的规定执行。

第五章 法律责任

第三十三条 用人单位违反劳动合同法有关建立职工名册规定的，由劳动行政部门责令限期改正；逾期不改正的，由劳动行政部门处2000元以上2万元以下的罚款。

第三十四条 用人单位依照劳动合同法的规定应当向劳动者每月支付两倍的工资或者应当向劳动者支付赔偿金而未支付的，劳动行政部门应当责令用人单位支付。

第三十五条 用工单位违反劳动合同法和本条例有关劳务派遣规定的，由劳动行政部门和其他有关主管部门责令改正；情节严重的，以每位被派遣劳动者1000元以上5000元以下的标准处以罚款；给被派遣劳动者造成损害的，劳务派遣单位和用工单位承担连带赔偿责任。

第六章 附 则

第三十六条 对违反劳动合同法和本条例的行为的投诉、举报，县级以上地方人民政府劳动行政部门依照《劳动保障监察条例》的规定处理。

第三十七条 劳动者与用人单位因订立、履行、变更、解除或者终止劳动合同发生争议的，依照《中华人民共和国劳动争议调解仲裁法》的规定处理。

第三十八条 本条例自公布之日起施行。

中华人民共和国劳动法

（1994年7月5日第八届全国人民代表大会常务委员会第八次会议通过 根据2009年8月27日第十一届全国人民代表大会常务委员会第十次会议《关于修改部分法律的决定》第一次修正 根据2018年12月29日第十三届全国人民代表大会常务委员会第七次会议《关于修改〈中华人民共和国劳动法〉等七部法律的决定》第二次修正）

第一章 总 则

第一条 为了保护劳动者的合法权益，调整劳动关系，建立和维护适应社会主义市场经济的劳动制度，促进经济发展和社会进步，根据宪法，制定本法。

第二条 在中华人民共和国境内的企业、个体经济组织（以下统称用人单位）和与之形成劳动关系的劳动者，适用本法。

国家机关、事业组织、社会团体和与之建立劳动合同关系的劳动者，依照本法执行。

第三条 劳动者享有平等就业和选择职业的权利、取得劳动报酬的权利、休息休假的权利、获得劳动安全卫生保护的权利、接受职业技能培训的权利、享受社会保险和福利的权利、提请劳动争议处理的权利以及法律规定的其他劳动权利。

劳动者应当完成劳动任务，提高职业技能，执行劳动安全卫生规程，遵守劳动纪律和职业道德。

第四条 用人单位应当依法建立和完善规章制度，保障劳动者享有劳动权利和履行劳动义务。

第五条 国家采取各种措施，促进劳动就业，发展职业教育，制定劳动标准，调节社会收入，完善社会保险，协调劳动关系，逐步提高劳动者的生活水平。

第六条 国家提倡劳动者参加社会义务劳动，开展劳动竞赛和合理化建议活动，鼓励和保护劳动者进行科学研究、技术革新和发明创造，表彰和奖励劳动模范和先进工作者。

第七条 劳动者有权依法参加和组织工会。

工会代表和维护劳动者的合法权益，依法独立自主地开展活动。

第八条 劳动者依照法律规定，通过职工大会、职工代表大会或者其他形式，参与民主管理或者就保护劳动者合法权益与用人单位进行平等协商。

第九条 国务院劳动行政部门主管全国劳动工作。

县级以上地方人民政府劳动行政部门主管本行政区域内的劳动工作。

第二章 促进就业

第十条 国家通过促进经济和社会发展，创造就业条件，扩大就业机会。

国家鼓励企业、事业组织、社会团体在法律、行政法规规定的范围内兴办产业或者拓展经营，增加就业。

国家支持劳动者自愿组织起来就业和从事个体经营实现就业。

第十一条 地方各级人民政府应当采取措施，发展多种类型的职业介绍机构，提供就业服务。

第十二条 劳动者就业，不因民族、种族、性别、宗教信仰不同而受歧视。

第十三条 妇女享有与男子平等的就业权利。在录用职工时，除国家规定的不适合妇女的工种或者岗位外，不得以性别为由拒绝录用妇女或者提高对妇女的录用标准。

第十四条 残疾人、少数民族人员、退出现役的军人的就业，法律、法规有特别规定的，从其规定。

第十五条 禁止用人单位招用未满十六周岁的未成年人。

文艺、体育和特种工艺单位招用未满十六周岁的未成年人，必须遵守国家有关规定，并保障其接受义务教育的权利。

第三章 劳动合同和集体合同

第十六条 劳动合同是劳动者与用人单位确立劳动关系、明确双方权利和义务的协议。

建立劳动关系应当订立劳动合同。

第十七条 订立和变更劳动合同，应当遵循平等自愿、协商一致的原则，不得违反法律、行政法规的规定。

劳动合同依法订立即具有法律约束力，当事人必须履行劳动合同规定的义务。

第十八条 下列劳动合同无效：

（一）违反法律、行政法规的劳动合同；

（二）采取欺诈、威胁等手段订立的劳动合同。

无效的劳动合同，从订立的时候起，

就没有法律约束力。确认劳动合同部分无效的，如果不影响其余部分的效力，其余部分仍然有效。

劳动合同的无效，由劳动争议仲裁委员会或者人民法院确认。

第十九条 劳动合同应当以书面形式订立，并具备以下条款：

（一）劳动合同期限；

（二）工作内容；

（三）劳动保护和劳动条件；

（四）劳动报酬；

（五）劳动纪律；

（六）劳动合同终止的条件；

（七）违反劳动合同的责任。

劳动合同除前款规定的必备条款外，当事人可以协商约定其他内容。

第二十条 劳动合同的期限分为有固定期限、无固定期限和以完成一定的工作为期限。

劳动者在同一用人单位连续工作满十年以上，当事人双方同意续延劳动合同的，如果劳动者提出订立无固定期限的劳动合同，应当订立无固定期限的劳动合同。

第二十一条 劳动合同可以约定试用期。试用期最长不得超过六个月。

第二十二条 劳动合同当事人可以在劳动合同中约定保守用人单位商业秘密的有关事项。

第二十三条 劳动合同期满或者当事人约定的劳动合同终止条件出现，劳动合同即行终止。

第二十四条 经劳动合同当事人协商一致，劳动合同可以解除。

第二十五条 劳动者有下列情形之一的，用人单位可以解除劳动合同：

（一）在试用期间被证明不符合录用条件的；

（二）严重违反劳动纪律或者用人单位规章制度的；

（三）严重失职，营私舞弊，对用人单位利益造成重大损害的；

（四）被依法追究刑事责任的。

第二十六条 有下列情形之一的，用人单位可以解除劳动合同，但是应当提前三十日以书面形式通知劳动者本人：

（一）劳动者患病或者非因工负伤，医疗期满后，不能从事原工作也不能从事由用人单位另行安排的工作的；

（二）劳动者不能胜任工作，经过培训或者调整工作岗位，仍不能胜任工作的；

（三）劳动合同订立时所依据的客观情况发生重大变化，致使原劳动合同无法履行，经当事人协商不能就变更劳动合同达成协议的。

第二十七条 用人单位濒临破产进行法定整顿期间或者生产经营状况发生严重困难，确需裁减人员的，应当提前三十日向工会或者全体职工说明情况，听取工会或者职工的意见，经向劳动行政部门报告后，可以裁减人员。

用人单位依据本条规定裁减人员，在六个月内录用人员的，应当优先录用被裁减的人员。

第二十八条　用人单位依据本法第二十四条、第二十六条、第二十七条的规定解除劳动合同的，应当依照国家有关规定给予经济补偿。

第二十九条　劳动者有下列情形之一的，用人单位不得依据本法第二十六条、第二十七条的规定解除劳动合同：

（一）患职业病或者因工负伤并被确认丧失或者部分丧失劳动能力的；

（二）患病或者负伤，在规定的医疗期内的；

（三）女职工在孕期、产期、哺乳期内的；

（四）法律、行政法规规定的其他情形。

第三十条　用人单位解除劳动合同，工会认为不适当的，有权提出意见。如果用人单位违反法律、法规或者劳动合同，工会有权要求重新处理；劳动者申请仲裁或者提起诉讼的，工会应当依法给予支持和帮助。

第三十一条　劳动者解除劳动合同，应当提前三十日以书面形式通知用人单位。

第三十二条　有下列情形之一的，劳动者可以随时通知用人单位解除劳动合同：

（一）在试用期内的；

（二）用人单位以暴力、威胁或者非法限制人身自由的手段强迫劳动的；

（三）用人单位未按照劳动合同约定支付劳动报酬或者提供劳动条件的。

第三十三条　企业职工一方与企业可以就劳动报酬、工作时间、休息休假、劳动安全卫生、保险福利等事项，签订集体合同。集体合同草案应当提交职工代表大会或者全体职工讨论通过。

集体合同由工会代表职工与企业签订；没有建立工会的企业，由职工推举的代表与企业签订。

第三十四条　集体合同签订后应当报送劳动行政部门；劳动行政部门自收到集体合同文本之日起十五日内未提出异议的，集体合同即行生效。

第三十五条　依法签订的集体合同对企业和企业全体职工具有约束力。职工个人与企业订立的劳动合同中劳动条件和劳动报酬等标准不得低于集体合同的规定。

第四章　工作时间和休息休假

第三十六条　国家实行劳动者每日工作时间不超过八小时、平均每周工作时间不超过四十四小时的工时制度。

第三十七条　对实行计件工作的劳动者，用人单位应当根据本法第三十六条规定的工时制度合理确定其劳动定额和计件报酬标准。

第三十八条 用人单位应当保证劳动者每周至少休息一日。

第三十九条 企业因生产特点不能实行本法第三十六条、第三十八条规定的，经劳动行政部门批准，可以实行其他工作和休息办法。

第四十条 用人单位在下列节日期间应当依法安排劳动者休假：

（一）元旦；

（二）春节；

（三）国际劳动节；

（四）国庆节；

（五）法律、法规规定的其他休假节日。

第四十一条 用人单位由于生产经营需要，经与工会和劳动者协商后可以延长工作时间，一般每日不得超过一小时；因特殊原因需要延长工作时间的，在保障劳动者身体健康的条件下延长工作时间每日不得超过三小时，但是每月不得超过三十六小时。

第四十二条 有下列情形之一的，延长工作时间不受本法第四十一条规定的限制：

（一）发生自然灾害、事故或者因其他原因，威胁劳动者生命健康和财产安全，需要紧急处理的；

（二）生产设备、交通运输线路、公共设施发生故障，影响生产和公众利益，必须及时抢修的；

（三）法律、行政法规规定的其他情形。

第四十三条 用人单位不得违反本法规定延长劳动者的工作时间。

第四十四条 有下列情形之一的，用人单位应当按照下列标准支付高于劳动者正常工作时间工资的工资报酬：

（一）安排劳动者延长工作时间的，支付不低于工资的百分之一百五十的工资报酬；

（二）休息日安排劳动者工作又不能安排补休的，支付不低于工资的百分之二百的工资报酬；

（三）法定休假日安排劳动者工作的，支付不低于工资的百分之三百的工资报酬。

第四十五条 国家实行带薪年休假制度。

劳动者连续工作一年以上的，享受带薪年休假。具体办法由国务院规定。

第五章 工 资

第四十六条 工资分配应当遵循按劳分配原则，实行同工同酬。

工资水平在经济发展的基础上逐步提高。国家对工资总量实行宏观调控。

第四十七条 用人单位根据本单位的生产经营特点和经济效益，依法自主确定本单位的工资分配方式和工资水平。

第四十八条 国家实行最低工资保障制度。最低工资的具体标准由省、自治区、直辖市人民政府规定，报国务院备案。

用人单位支付劳动者的工资不得低于当地最低工资标准。

第四十九条 确定和调整最低工资标准应当综合参考下列因素：

（一）劳动者本人及平均赡养人口的最低生活费用；

（二）社会平均工资水平；

（三）劳动生产率；

（四）就业状况；

（五）地区之间经济发展水平的差异。

第五十条 工资应当以货币形式按月支付给劳动者本人。不得克扣或者无故拖欠劳动者的工资。

第五十一条 劳动者在法定休假日和婚丧假期间以及依法参加社会活动期间，用人单位应当依法支付工资。

第六章 劳动安全卫生

第五十二条 用人单位必须建立、健全劳动安全卫生制度，严格执行国家劳动安全卫生规程和标准，对劳动者进行劳动安全卫生教育，防止劳动过程中的事故，减少职业危害。

第五十三条 劳动安全卫生设施必须符合国家规定的标准。

新建、改建、扩建工程的劳动安全卫生设施必须与主体工程同时设计、同时施工、同时投入生产和使用。

第五十四条 用人单位必须为劳动者提供符合国家规定的劳动安全卫生条件和必要的劳动防护用品，对从事有职业危害作业的劳动者应当定期进行健康检查。

第五十五条 从事特种作业的劳动者必须经过专门培训并取得特种作业资格。

第五十六条 劳动者在劳动过程中必须严格遵守安全操作规程。

劳动者对用人单位管理人员违章指挥、强令冒险作业，有权拒绝执行；对危害生命安全和身体健康的行为，有权提出批评、检举和控告。

第五十七条 国家建立伤亡事故和职业病统计报告和处理制度。县级以上各级人民政府劳动行政部门、有关部门和用人单位应当依法对劳动者在劳动过程中发生的伤亡事故和劳动者的职业病状况，进行统计、报告和处理。

第七章 女职工和未成年工特殊保护

第五十八条 国家对女职工和未成年工实行特殊劳动保护。

未成年工是指年满十六周岁未满十八周岁的劳动者。

第五十九条 禁止安排女职工从事矿山井下、国家规定的第四级体力劳动强度的劳动和其他禁忌从事的劳动。

第六十条　不得安排女职工在经期从事高处、低温、冷水作业和国家规定的第三级体力劳动强度的劳动。

第六十一条　不得安排女职工在怀孕期间从事国家规定的第三级体力劳动强度的劳动和孕期禁忌从事的劳动。对怀孕七个月以上的女职工，不得安排其延长工作时间和夜班劳动。

第六十二条　女职工生育享受不少于九十天的产假。

第六十三条　不得安排女职工在哺乳未满一周岁的婴儿期间从事国家规定的第三级体力劳动强度的劳动和哺乳期禁忌从事的其他劳动，不得安排其延长工作时间和夜班劳动。

第六十四条　不得安排未成年工从事矿山井下、有毒有害、国家规定的第四级体力劳动强度的劳动和其他禁忌从事的劳动。

第六十五条　用人单位应当对未成年工定期进行健康检查。

第八章　职业培训

第六十六条　国家通过各种途径，采取各种措施，发展职业培训事业，开发劳动者的职业技能，提高劳动者素质，增强劳动者的就业能力和工作能力。

第六十七条　各级人民政府应当把发展职业培训纳入社会经济发展的规划，鼓励和支持有条件的企业、事业组织、社会团体和个人进行各种形式的职业培训。

第六十八条　用人单位应当建立职业培训制度，按照国家规定提取和使用职业培训经费，根据本单位实际，有计划地对劳动者进行职业培训。

从事技术工种的劳动者，上岗前必须经过培训。

第六十九条　国家确定职业分类，对规定的职业制定职业技能标准，实行职业资格证书制度，由经备案的考核鉴定机构负责对劳动者实施职业技能考核鉴定。

第九章　社会保险和福利

第七十条　国家发展社会保险事业，建立社会保险制度，设立社会保险基金，使劳动者在年老、患病、工伤、失业、生育等情况下获得帮助和补偿。

第七十一条　社会保险水平应当与社会经济发展水平和社会承受能力相适应。

第七十二条　社会保险基金按照保险类型确定资金来源，逐步实行社会统筹。用人单位和劳动者必须依法参加社会保险，缴纳社会保险费。

第七十三条　劳动者在下列情形下，依法享受社会保险待遇：

（一）退休；

（二）患病、负伤；

（三）因工伤残或者患职业病；

（四）失业；

（五）生育。

劳动者死亡后，其遗属依法享受遗属津贴。

劳动者享受社会保险待遇的条件和标准由法律、法规规定。

劳动者享受的社会保险金必须按时足额支付。

第七十四条 社会保险基金经办机构依照法律规定收支、管理和运营社会保险基金，并负有使社会保险基金保值增值的责任。

社会保险基金监督机构依照法律规定，对社会保险基金的收支、管理和运营实施监督。

社会保险基金经办机构和社会保险基金监督机构的设立和职能由法律规定。

任何组织和个人不得挪用社会保险基金。

第七十五条 国家鼓励用人单位根据本单位实际情况为劳动者建立补充保险。

国家提倡劳动者个人进行储蓄性保险。

第七十六条 国家发展社会福利事业，兴建公共福利设施，为劳动者休息、休养和疗养提供条件。

用人单位应当创造条件，改善集体福利，提高劳动者的福利待遇。

第十章 劳动争议

第七十七条 用人单位与劳动者发生劳动争议，当事人可以依法申请调解、仲裁、提起诉讼，也可以协商解决。

调解原则适用于仲裁和诉讼程序。

第七十八条 解决劳动争议，应当根据合法、公正、及时处理的原则，依法维护劳动争议当事人的合法权益。

第七十九条 劳动争议发生后，当事人可以向本单位劳动争议调解委员会申请调解；调解不成，当事人一方要求仲裁的，可以向劳动争议仲裁委员会申请仲裁。当事人一方也可以直接向劳动争议仲裁委员会申请仲裁。对仲裁裁决不服的，可以向人民法院提起诉讼。

第八十条 在用人单位内，可以设立劳动争议调解委员会。劳动争议调解委员会由职工代表、用人单位代表和工会代表组成。劳动争议调解委员会主任由工会代表担任。

劳动争议经调解达成协议的，当事人应当履行。

第八十一条 劳动争议仲裁委员会由劳动行政部门代表、同级工会代表、用人单位方面的代表组成。劳动争议仲裁委员会主任由劳动行政部门代表担任。

第八十二条 提出仲裁要求的一方应当自劳动争议发生之日起六十日内向劳动争议仲裁委员会提出书面申请。仲裁裁决一般应在收到仲裁申请的六十日内作出。对仲裁裁决无异议的，当事人必须履行。

第八十三条　劳动争议当事人对仲裁裁决不服的，可以自收到仲裁裁决书之日起十五日内向人民法院提起诉讼。一方当事人在法定期限内不起诉又不履行仲裁裁决的，另一方当事人可以申请人民法院强制执行。

第八十四条　因签订集体合同发生争议，当事人协商解决不成的，当地人民政府劳动行政部门可以组织有关各方协调处理。

因履行集体合同发生争议，当事人协商解决不成的，可以向劳动争议仲裁委员会申请仲裁；对仲裁裁决不服的，可以自收到仲裁裁决书之日起十五日内向人民法院提起诉讼。

第十一章　监督检查

第八十五条　县级以上各级人民政府劳动行政部门依法对用人单位遵守劳动法律、法规的情况进行监督检查，对违反劳动法律、法规的行为有权制止，并责令改正。

第八十六条　县级以上各级人民政府劳动行政部门监督检查人员执行公务，有权进入用人单位了解执行劳动法律、法规的情况，查阅必要的资料，并对劳动场所进行检查。

县级以上各级人民政府劳动行政部门监督检查人员执行公务，必须出示证件，秉公执法并遵守有关规定。

第八十七条　县级以上各级人民政府有关部门在各自职责范围内，对用人单位遵守劳动法律、法规的情况进行监督。

第八十八条　各级工会依法维护劳动者的合法权益，对用人单位遵守劳动法律、法规的情况进行监督。

任何组织和个人对于违反劳动法律、法规的行为有权检举和控告。

第十二章　法律责任

第八十九条　用人单位制定的劳动规章制度违反法律、法规规定的，由劳动行政部门给予警告，责令改正；对劳动者造成损害的，应当承担赔偿责任。

第九十条　用人单位违反本法规定，延长劳动者工作时间的，由劳动行政部门给予警告，责令改正，并可以处以罚款。

第九十一条　用人单位有下列侵害劳动者合法权益情形之一的，由劳动行政部门责令支付劳动者的工资报酬、经济补偿，并可以责令支付赔偿金：

（一）克扣或者无故拖欠劳动者工资的；

（二）拒不支付劳动者延长工作时间工资报酬的；

（三）低于当地最低工资标准支付劳动者工资的；

（四）解除劳动合同后，未依照本法规定给予劳动者经济补偿的。

第九十二条 用人单位的劳动安全设施和劳动卫生条件不符合国家规定或者未向劳动者提供必要的劳动防护用品和劳动保护设施的，由劳动行政部门或者有关部门责令改正，可以处以罚款；情节严重的，提请县级以上人民政府决定责令停产整顿；对事故隐患不采取措施，致使发生重大事故，造成劳动者生命和财产损失的，对责任人员依照刑法有关规定追究刑事责任。

第九十三条 用人单位强令劳动者违章冒险作业，发生重大伤亡事故，造成严重后果的，对责任人员依法追究刑事责任。

第九十四条 用人单位非法招用未满十六周岁的未成年人的，由劳动行政部门责令改正，处以罚款；情节严重的，由市场监督管理部门吊销营业执照。

第九十五条 用人单位违反本法对女职工和未成年工的保护规定，侵害其合法权益的，由劳动行政部门责令改正，处以罚款；对女职工或者未成年工造成损害的，应当承担赔偿责任。

第九十六条 用人单位有下列行为之一，由公安机关对责任人员处以十五日以下拘留、罚款或者警告；构成犯罪的，对责任人员依法追究刑事责任：

（一）以暴力、威胁或者非法限制人身自由的手段强迫劳动的；

（二）侮辱、体罚、殴打、非法搜查和拘禁劳动者的。

第九十七条 由于用人单位的原因订立的无效合同，对劳动者造成损害的，应当承担赔偿责任。

第九十八条 用人单位违反本法规定的条件解除劳动合同或者故意拖延不订立劳动合同的，由劳动行政部门责令改正；对劳动者造成损害的，应当承担赔偿责任。

第九十九条 用人单位招用尚未解除劳动合同的劳动者，对原用人单位造成经济损失的，该用人单位应当依法承担连带赔偿责任。

第一百条 用人单位无故不缴纳社会保险费的，由劳动行政部门责令其限期缴纳；逾期不缴的，可以加收滞纳金。

第一百零一条 用人单位无理阻挠劳动行政部门、有关部门及其工作人员行使监督检查权，打击报复举报人员的，由劳动行政部门或者有关部门处以罚款；构成犯罪的，对责任人员依法追究刑事责任。

第一百零二条 劳动者违反本法规定的条件解除劳动合同或者违反劳动合同中约定的保密事项，对用人单位造成经济损失的，应当依法承担赔偿责任。

第一百零三条 劳动行政部门或者有关部门的工作人员滥用职权、玩忽职守、徇私舞弊，构成犯罪的，依法追究刑事责任；不构成犯罪的，给予行政处分。

第一百零四条 国家工作人员和社会保险基金经办机构的工作人员挪用社会保险基金，构成犯罪的，依法追究刑事责任。

第一百零五条 违反本法规定侵害劳动者合法权益，其他法律、行政法规已规定处罚的，依照该法律、行政法规的规定处罚。

第十三章 附 则

第一百零六条 省、自治区、直辖市人民政府根据本法和本地区的实际情况，规定劳动合同制度的实施步骤，报国务院备案。

第一百零七条 本法自1995年1月1日起施行。

工伤保险条例

（2003年4月27日中华人民共和国国务院令第375号公布 根据2010年12月20日《国务院关于修改〈工伤保险条例〉的决定》修订）

第一章 总 则

第一条 为了保障因工作遭受事故伤害或者患职业病的职工获得医疗救治和经济补偿，促进工伤预防和职业康复，分散用人单位的工伤风险，制定本条例。

第二条 中华人民共和国境内的企业、事业单位、社会团体、民办非企业单位、基金会、律师事务所、会计师事务所等组织和有雇工的个体工商户（以下称用人单位）应当依照本条例规定参加工伤保险，为本单位全部职工或者雇工（以下称职工）缴纳工伤保险费。

中华人民共和国境内的企业、事业单位、社会团体、民办非企业单位、基金会、律师事务所、会计师事务所等组织的职工和个体工商户的雇工，均有依照本条例的规定享受工伤保险待遇的权利。

第三条 工伤保险费的征缴按照《社会保险费征缴暂行条例》关于基本养老保险费、基本医疗保险费、失业保险费的征缴规定执行。

第四条 用人单位应当将参加工伤保险的有关情况在本单位内公示。

用人单位和职工应当遵守有关安全生产和职业病防治的法律法规，执行安全卫生规程和标准，预防工伤事故发生，避免和减少职业病危害。

职工发生工伤时，用人单位应当采取措施使工伤职工得到及时救治。

第五条 国务院社会保险行政部门负责全国的工伤保险工作。

县级以上地方各级人民政府社会保

险行政部门负责本行政区域内的工伤保险工作。

社会保险行政部门按照国务院有关规定设立的社会保险经办机构（以下称经办机构）具体承办工伤保险事务。

第六条 社会保险行政部门等部门制定工伤保险的政策、标准，应当征求工会组织、用人单位代表的意见。

第二章　工伤保险基金

第七条 工伤保险基金由用人单位缴纳的工伤保险费、工伤保险基金的利息和依法纳入工伤保险基金的其他资金构成。

第八条 工伤保险费根据以支定收、收支平衡的原则，确定费率。

国家根据不同行业的工伤风险程度确定行业的差别费率，并根据工伤保险费使用、工伤发生率等情况在每个行业内确定若干费率档次。行业差别费率及行业内费率档次由国务院社会保险行政部门制定，报国务院批准后公布施行。

统筹地区经办机构根据用人单位工伤保险费使用、工伤发生率等情况，适用所属行业内相应的费率档次确定单位缴费费率。

第九条 国务院社会保险行政部门应当定期了解全国各统筹地区工伤保险基金收支情况，及时提出调整行业差别费率及行业内费率档次的方案，报国务院批准后公布施行。

第十条 用人单位应当按时缴纳工伤保险费。职工个人不缴纳工伤保险费。

用人单位缴纳工伤保险费的数额为本单位职工工资总额乘以单位缴费费率之积。

对难以按照工资总额缴纳工伤保险费的行业，其缴纳工伤保险费的具体方式，由国务院社会保险行政部门规定。

第十一条 工伤保险基金逐步实行省级统筹。

跨地区、生产流动性较大的行业，可以采取相对集中的方式异地参加统筹地区的工伤保险。具体办法由国务院社会保险行政部门会同有关行业的主管部门制定。

第十二条 工伤保险基金存入社会保障基金财政专户，用于本条例规定的工伤保险待遇，劳动能力鉴定，工伤预防的宣传、培训等费用，以及法律、法规规定的用于工伤保险的其他费用的支付。

工伤预防费用的提取比例、使用和管理的具体办法，由国务院社会保险行政部门会同国务院财政、卫生行政、安全生产监督管理等部门规定。

任何单位或者个人不得将工伤保险基金用于投资运营、兴建或者改建办公场所、发放奖金，或者挪作其他用途。

第十三条 工伤保险基金应当留有一定比例的储备金，用于统筹地区重大事故的工伤保险待遇支付；储备金不足支付的，由统筹地区的人民政府垫付。储备金占基金总额的具体比例和储备金的使用办法，由省、自治区、直辖市人民政府规定。

第三章　工伤认定

第十四条　职工有下列情形之一的，应当认定为工伤：

（一）在工作时间和工作场所内，因工作原因受到事故伤害的；

（二）工作时间前后在工作场所内，从事与工作有关的预备性或者收尾性工作受到事故伤害的；

（三）在工作时间和工作场所内，因履行工作职责受到暴力等意外伤害的；

（四）患职业病的；

（五）因工外出期间，由于工作原因受到伤害或者发生事故下落不明的；

（六）在上下班途中，受到非本人主要责任的交通事故或者城市轨道交通、客运轮渡、火车事故伤害的；

（七）法律、行政法规规定应当认定为工伤的其他情形。

第十五条　职工有下列情形之一的，视同工伤：

（一）在工作时间和工作岗位，突发疾病死亡或者在48小时之内经抢救无效死亡的；

（二）在抢险救灾等维护国家利益、公共利益活动中受到伤害的；

（三）职工原在军队服役，因战、因公负伤致残，已取得革命伤残军人证，到用人单位后旧伤复发的。

职工有前款第（一）项、第（二）项情形的，按照本条例的有关规定享受工伤保险待遇；职工有前款第（三）项情形的，按照本条例的有关规定享受除一次性伤残补助金以外的工伤保险待遇。

第十六条　职工符合本条例第十四条、第十五条的规定，但是有下列情形之一的，不得认定为工伤或者视同工伤：

（一）故意犯罪的；

（二）醉酒或者吸毒的；

（三）自残或者自杀的。

第十七条　职工发生事故伤害或者按照职业病防治法规定被诊断、鉴定为职业病，所在单位应当自事故伤害发生之日或者被诊断、鉴定为职业病之日起30日内，向统筹地区社会保险行政部门提出工伤认定申请。遇有特殊情况，经报社会保险行政部门同意，申请时限可以适当延长。

用人单位未按前款规定提出工伤认定申请的，工伤职工或者其近亲属、工会组织在事故伤害发生之日或者被诊断、鉴定为职业病之日起1年内，可以直接向用人单位所在地统筹地区社会保险行政部门提出工伤认定申请。

按照本条第一款规定应当由省级社会保险行政部门进行工伤认定的事项，

根据属地原则由用人单位所在地的设区的市级社会保险行政部门办理。用人单位未在本条第一款规定的时限内提交工伤认定申请，在此期间发生符合本条例规定的工伤待遇等有关费用由该用人单位负担。

第十八条　提出工伤认定申请应当提交下列材料：

（一）工伤认定申请表；

（二）与用人单位存在劳动关系（包括事实劳动关系）的证明材料；

（三）医疗诊断证明或者职业病诊断证明书（或者职业病诊断鉴定书）。

工伤认定申请表应当包括事故发生的时间、地点、原因以及职工伤害程度等基本情况。

工伤认定申请人提供材料不完整的，社会保险行政部门应当一次性书面告知工伤认定申请人需要补正的全部材料。申请人按照书面告知要求补正材料后，社会保险行政部门应当受理。

第十九条　社会保险行政部门受理工伤认定申请后，根据审核需要可以对事故伤害进行调查核实，用人单位、职工、工会组织、医疗机构以及有关部门应当予以协助。职业病诊断和诊断争议的鉴定，依照职业病防治法的有关规定执行。对依法取得职业病诊断证明书或者职业病诊断鉴定书的，社会保险行政部门不再进行调查核实。

职工或者其近亲属认为是工伤，用人单位不认为是工伤的，由用人单位承担举证责任。

第二十条　社会保险行政部门应当自受理工伤认定申请之日起60日内作出工伤认定的决定，并书面通知申请工伤认定的职工或者其近亲属和该职工所在单位。

社会保险行政部门对受理的事实清楚、权利义务明确的工伤认定申请，应当在15日内作出工伤认定的决定。

作出工伤认定决定需要以司法机关或者有关行政主管部门的结论为依据的，在司法机关或者有关行政主管部门尚未作出结论期间，作出工伤认定决定的时限中止。

社会保险行政部门工作人员与工伤认定申请人有利害关系的，应当回避。

第四章　劳动能力鉴定

第二十一条　职工发生工伤，经治疗伤情相对稳定后存在残疾、影响劳动能力的，应当进行劳动能力鉴定。

第二十二条　劳动能力鉴定是指劳动功能障碍程度和生活自理障碍程度的等级鉴定。

劳动功能障碍分为十个伤残等级，最重的为一级，最轻的为十级。

生活自理障碍分为三个等级：生活完全不能自理、生活大部分不能自理和生活部分不能自理。

劳动能力鉴定标准由国务院社会保险行政部门会同国务院卫生行政部门等部门制定。

第二十三条 劳动能力鉴定由用人单位、工伤职工或者其近亲属向设区的市级劳动能力鉴定委员会提出申请，并提供工伤认定决定和职工工伤医疗的有关资料。

第二十四条 省、自治区、直辖市劳动能力鉴定委员会和设区的市级劳动能力鉴定委员会分别由省、自治区、直辖市和设区的市级社会保险行政部门、卫生行政部门、工会组织、经办机构代表以及用人单位代表组成。

劳动能力鉴定委员会建立医疗卫生专家库。列入专家库的医疗卫生专业技术人员应当具备下列条件：

（一）具有医疗卫生高级专业技术职务任职资格；

（二）掌握劳动能力鉴定的相关知识；

（三）具有良好的职业品德。

第二十五条 设区的市级劳动能力鉴定委员会收到劳动能力鉴定申请后，应当从其建立的医疗卫生专家库中随机抽取3名或者5名相关专家组成专家组，由专家组提出鉴定意见。设区的市级劳动能力鉴定委员会根据专家组的鉴定意见作出工伤职工劳动能力鉴定结论；必要时，可以委托具备资格的医疗机构协助进行有关的诊断。

设区的市级劳动能力鉴定委员会应当自收到劳动能力鉴定申请之日起60日内作出劳动能力鉴定结论，必要时，作出劳动能力鉴定结论的期限可以延长30日。劳动能力鉴定结论应当及时送达申请鉴定的单位和个人。

第二十六条 申请鉴定的单位或者个人对设区的市级劳动能力鉴定委员会作出的鉴定结论不服的，可以在收到该鉴定结论之日起15日内向省、自治区、直辖市劳动能力鉴定委员会提出再次鉴定申请。省、自治区、直辖市劳动能力鉴定委员会作出的劳动能力鉴定结论为最终结论。

第二十七条 劳动能力鉴定工作应当客观、公正。劳动能力鉴定委员会组成人员或者参加鉴定的专家与当事人有利害关系的，应当回避。

第二十八条 自劳动能力鉴定结论作出之日起1年后，工伤职工或者其近亲属、所在单位或者经办机构认为伤残情况发生变化的，可以申请劳动能力复查鉴定。

第二十九条 劳动能力鉴定委员会依照本条例第二十六条和第二十八条的规定进行再次鉴定和复查鉴定的期限，依照本条例第二十五条第二款的规定执行。

第五章 工伤保险待遇

第三十条 职工因工作遭受事故伤

害或者患职业病进行治疗，享受工伤医疗待遇。

职工治疗工伤应当在签订服务协议的医疗机构就医，情况紧急时可以先到就近的医疗机构急救。

治疗工伤所需费用符合工伤保险诊疗项目目录、工伤保险药品目录、工伤保险住院服务标准的，从工伤保险基金支付。工伤保险诊疗项目目录、工伤保险药品目录、工伤保险住院服务标准，由国务院社会保险行政部门会同国务院卫生行政部门、食品药品监督管理部门等部门规定。

职工住院治疗工伤的伙食补助费，以及经医疗机构出具证明，报经办机构同意，工伤职工到统筹地区以外就医所需的交通、食宿费用从工伤保险基金支付，基金支付的具体标准由统筹地区人民政府规定。

工伤职工治疗非工伤引发的疾病，不享受工伤医疗待遇，按照基本医疗保险办法处理。

工伤职工到签订服务协议的医疗机构进行工伤康复的费用，符合规定的，从工伤保险基金支付。

第三十一条 社会保险行政部门作出认定为工伤的决定后发生行政复议、行政诉讼的，行政复议和行政诉讼期间不停止支付工伤职工治疗工伤的医疗费用。

第三十二条 工伤职工因日常生活或者就业需要，经劳动能力鉴定委员会确认，可以安装假肢、矫形器、假眼、假牙和配置轮椅等辅助器具，所需费用按照国家规定的标准从工伤保险基金支付。

第三十三条 职工因工作遭受事故伤害或者患职业病需要暂停工作接受工伤医疗的，在停工留薪期内，原工资福利待遇不变，由所在单位按月支付。

停工留薪期一般不超过12个月。伤情严重或者情况特殊，经设区的市级劳动能力鉴定委员会确认，可以适当延长，但延长不得超过12个月。工伤职工评定伤残等级后，停发原待遇，按照本章的有关规定享受伤残待遇。工伤职工在停工留薪期满后仍需治疗的，继续享受工伤医疗待遇。

生活不能自理的工伤职工在停工留薪期需要护理的，由所在单位负责。

第三十四条 工伤职工已经评定伤残等级并经劳动能力鉴定委员会确认需要生活护理的，从工伤保险基金按月支付生活护理费。

生活护理费按照生活完全不能自理、生活大部分不能自理或者生活部分不能自理3个不同等级支付，其标准分别为统筹地区上年度职工月平均工资的50%、40%或者30%。

第三十五条 职工因工致残被鉴定为一级至四级伤残的，保留劳动关系，退出工作岗位，享受以下待遇：

（一）从工伤保险基金按伤残等级支付一次性伤残补助金，标准为：一级伤残为27个月的本人工资，二级伤残为25个月的本人工资，三级伤残为23个月的本人工资，四级伤残为21个月的本人工资；

（二）从工伤保险基金按月支付伤残津贴，标准为：一级伤残为本人工资的90%，二级伤残为本人工资的85%，三级伤残为本人工资的80%，四级伤残为本人工资的75%。伤残津贴实际金额低于当地最低工资标准的，由工伤保险基金补足差额；

（三）工伤职工达到退休年龄并办理退休手续后，停发伤残津贴，按照国家有关规定享受基本养老保险待遇。基本养老保险待遇低于伤残津贴的，由工伤保险基金补足差额。

职工因工致残被鉴定为一级至四级伤残的，由用人单位和职工个人以伤残津贴为基数，缴纳基本医疗保险费。

第三十六条 职工因工致残被鉴定为五级、六级伤残的，享受以下待遇：

（一）从工伤保险基金按伤残等级支付一次性伤残补助金，标准为：五级伤残为18个月的本人工资，六级伤残为16个月的本人工资；

（二）保留与用人单位的劳动关系，由用人单位安排适当工作。难以安排工作的，由用人单位按月发给伤残津贴，标准为：五级伤残为本人工资的70%，六级伤残为本人工资的60%，并由用人单位按照规定为其缴纳应缴纳的各项社会保险费。伤残津贴实际金额低于当地最低工资标准的，由用人单位补足差额。

经工伤职工本人提出，该职工可以与用人单位解除或者终止劳动关系，由工伤保险基金支付一次性工伤医疗补助金，由用人单位支付一次性伤残就业补助金。一次性工伤医疗补助金和一次性伤残就业补助金的具体标准由省、自治区、直辖市人民政府规定。

第三十七条 职工因工致残被鉴定为七级至十级伤残的，享受以下待遇：

（一）从工伤保险基金按伤残等级支付一次性伤残补助金，标准为：七级伤残为13个月的本人工资，八级伤残为11个月的本人工资，九级伤残为9个月的本人工资，十级伤残为7个月的本人工资；

（二）劳动、聘用合同期满终止，或者职工本人提出解除劳动、聘用合同的，由工伤保险基金支付一次性工伤医疗补助金，由用人单位支付一次性伤残就业补助金。一次性工伤医疗补助金和一次性伤残就业补助金的具体标准由省、自治区、直辖市人民政府规定。

第三十八条 工伤职工工伤复发，确认需要治疗的，享受本条例第三十条、第三十二条和第三十三条规定的工伤待遇。

第三十九条 职工因工死亡，其近

亲属按照下列规定从工伤保险基金领取丧葬补助金、供养亲属抚恤金和一次性工亡补助金：

（一）丧葬补助金为6个月的统筹地区上年度职工月平均工资；

（二）供养亲属抚恤金按照职工本人工资的一定比例发给由因工死亡职工生前提供主要生活来源、无劳动能力的亲属。标准为：配偶每月40%，其他亲属每人每月30%，孤寡老人或者孤儿每人每月在上述标准的基础上增加10%。核定的各供养亲属的抚恤金之和不应高于因工死亡职工生前的工资。供养亲属的具体范围由国务院社会保险行政部门规定；

（三）一次性工亡补助金标准为上一年度全国城镇居民人均可支配收入的20倍。

伤残职工在停工留薪期内因工伤导致死亡的，其近亲属享受本条第一款规定的待遇。

一级至四级伤残职工在停工留薪期满后死亡的，其近亲属可以享受本条第一款第（一）项、第（二）项规定的待遇。

第四十条　伤残津贴、供养亲属抚恤金、生活护理费由统筹地区社会保险行政部门根据职工平均工资和生活费用变化等情况适时调整。调整办法由省、自治区、直辖市人民政府规定。

第四十一条　职工因工外出期间发生事故或者在抢险救灾中下落不明的，从事故发生当月起3个月内照发工资，从第4个月起停发工资，由工伤保险基金向其供养亲属按月支付供养亲属抚恤金。生活有困难的，可以预支一次性工亡补助金的50%。职工被人民法院宣告死亡的，按照本条例第三十九条职工因工死亡的规定处理。

第四十二条　工伤职工有下列情形之一的，停止享受工伤保险待遇：

（一）丧失享受待遇条件的；

（二）拒不接受劳动能力鉴定的；

（三）拒绝治疗的。

第四十三条　用人单位分立、合并、转让的，承继单位应当承担原用人单位的工伤保险责任；原用人单位已经参加工伤保险的，承继单位应当到当地经办机构办理工伤保险变更登记。

用人单位实行承包经营的，工伤保险责任由职工劳动关系所在单位承担。

职工被借调期间受到工伤事故伤害的，由原用人单位承担工伤保险责任，但原用人单位与借调单位可以约定补偿办法。

企业破产的，在破产清算时依法拨付应当由单位支付的工伤保险待遇费用。

第四十四条　职工被派遣出境工作，依据前往国家或者地区的法律应当参加当地工伤保险的，参加当地工伤保险，其国内工伤保险关系中止；不能参加当地工伤保险的，其国内工伤保险关系不中止。

第四十五条 职工再次发生工伤，根据规定应当享受伤残津贴的，按照新认定的伤残等级享受伤残津贴待遇。

第六章 监督管理

第四十六条 经办机构具体承办工伤保险事务，履行下列职责：

（一）根据省、自治区、直辖市人民政府规定，征收工伤保险费；

（二）核查用人单位的工资总额和职工人数，办理工伤保险登记，并负责保存用人单位缴费和职工享受工伤保险待遇情况的记录；

（三）进行工伤保险的调查、统计；

（四）按照规定管理工伤保险基金的支出；

（五）按照规定核定工伤保险待遇；

（六）为工伤职工或者其近亲属免费提供咨询服务。

第四十七条 经办机构与医疗机构、辅助器具配置机构在平等协商的基础上签订服务协议，并公布签订服务协议的医疗机构、辅助器具配置机构的名单。具体办法由国务院社会保险行政部门分别会同国务院卫生行政部门、民政部门等部门制定。

第四十八条 经办机构按照协议和国家有关目录、标准对工伤职工医疗费用、康复费用、辅助器具费用的使用情况进行核查，并按时足额结算费用。

第四十九条 经办机构应当定期公布工伤保险基金的收支情况，及时向社会保险行政部门提出调整费率的建议。

第五十条 社会保险行政部门、经办机构应当定期听取工伤职工、医疗机构、辅助器具配置机构以及社会各界对改进工伤保险工作的意见。

第五十一条 社会保险行政部门依法对工伤保险费的征缴和工伤保险基金的支付情况进行监督检查。

财政部门和审计机关依法对工伤保险基金的收支、管理情况进行监督。

第五十二条 任何组织和个人对有关工伤保险的违法行为，有权举报。社会保险行政部门对举报应当及时调查，按照规定处理，并为举报人保密。

第五十三条 工会组织依法维护工伤职工的合法权益，对用人单位的工伤保险工作实行监督。

第五十四条 职工与用人单位发生工伤待遇方面的争议，按照处理劳动争议的有关规定处理。

第五十五条 有下列情形之一的，有关单位或者个人可以依法申请行政复议，也可以依法向人民法院提起行政诉讼：

（一）申请工伤认定的职工或者其近亲属、该职工所在单位对工伤认定申请不予受理的决定不服的；

（二）申请工伤认定的职工或者其

近亲属、该职工所在单位对工伤认定结论不服的；

（三）用人单位对经办机构确定的单位缴费费率不服的；

（四）签订服务协议的医疗机构、辅助器具配置机构认为经办机构未履行有关协议或者规定的；

（五）工伤职工或者其近亲属对经办机构核定的工伤保险待遇有异议的。

第七章　法律责任

第五十六条　单位或者个人违反本条例第十二条规定挪用工伤保险基金，构成犯罪的，依法追究刑事责任；尚不构成犯罪的，依法给予处分或者纪律处分。被挪用的基金由社会保险行政部门追回，并入工伤保险基金；没收的违法所得依法上缴国库。

第五十七条　社会保险行政部门工作人员有下列情形之一的，依法给予处分；情节严重，构成犯罪的，依法追究刑事责任：

（一）无正当理由不受理工伤认定申请，或者弄虚作假将不符合工伤条件的人员认定为工伤职工的；

（二）未妥善保管申请工伤认定的证据材料，致使有关证据灭失的；

（三）收受当事人财物的。

第五十八条　经办机构有下列行为之一的，由社会保险行政部门责令改正，对直接负责的主管人员和其他责任人员依法给予纪律处分；情节严重，构成犯罪的，依法追究刑事责任；造成当事人经济损失的，由经办机构依法承担赔偿责任：

（一）未按规定保存用人单位缴费和职工享受工伤保险待遇情况记录的；

（二）不按规定核定工伤保险待遇的；

（三）收受当事人财物的。

第五十九条　医疗机构、辅助器具配置机构不按服务协议提供服务的，经办机构可以解除服务协议。

经办机构不按时足额结算费用的，由社会保险行政部门责令改正；医疗机构、辅助器具配置机构可以解除服务协议。

第六十条　用人单位、工伤职工或者其近亲属骗取工伤保险待遇，医疗机构、辅助器具配置机构骗取工伤保险基金支出的，由社会保险行政部门责令退还，处骗取金额2倍以上5倍以下的罚款；情节严重，构成犯罪的，依法追究刑事责任。

第六十一条　从事劳动能力鉴定的组织或者个人有下列情形之一的，由社会保险行政部门责令改正，处2000元以上1万元以下的罚款；情节严重，构成犯罪的，依法追究刑事责任：

（一）提供虚假鉴定意见的；

（二）提供虚假诊断证明的；

（三）收受当事人财物的。

第六十二条 用人单位依照本条例规定应当参加工伤保险而未参加的，由社会保险行政部门责令限期参加，补缴应当缴纳的工伤保险费，并自欠缴之日起，按日加收万分之五的滞纳金；逾期仍不缴纳的，处欠缴数额1倍以上3倍以下的罚款。

依照本条例规定应当参加工伤保险而未参加工伤保险的用人单位职工发生工伤的，由该用人单位按照本条例规定的工伤保险待遇项目和标准支付费用。

用人单位参加工伤保险并补缴应当缴纳的工伤保险费、滞纳金后，由工伤保险基金和用人单位依照本条例的规定支付新发生的费用。

第六十三条 用人单位违反本条例第十九条的规定，拒不协助社会保险行政部门对事故进行调查核实的，由社会保险行政部门责令改正，处2000元以上2万元以下的罚款。

第八章 附 则

第六十四条 本条例所称工资总额，是指用人单位直接支付给本单位全部职工的劳动报酬总额。

本条例所称本人工资，是指工伤职工因工作遭受事故伤害或者患职业病前12个月平均月缴费工资。本人工资高于统筹地区职工平均工资300%的，按照统筹地区职工平均工资的300%计算；本人工资低于统筹地区职工平均工资60%的，按照统筹地区职工平均工资的60%计算。

第六十五条 公务员和参照公务员法管理的事业单位、社会团体的工作人员因工作遭受事故伤害或者患职业病的，由所在单位支付费用。具体办法由国务院社会保险行政部门会同国务院财政部门规定。

第六十六条 无营业执照或者未经依法登记、备案的单位以及被依法吊销营业执照或者撤销登记、备案的单位的职工受到事故伤害或者患职业病的，由该单位向伤残职工或者死亡职工的近亲属给予一次性赔偿，赔偿标准不得低于本条例规定的工伤保险待遇；用人单位不得使用童工，用人单位使用童工造成童工伤残、死亡的，由该单位向童工或者童工的近亲属给予一次性赔偿，赔偿标准不得低于本条例规定的工伤保险待遇。具体办法由国务院社会保险行政部门规定。

前款规定的伤残职工或者死亡职工的近亲属就赔偿数额与单位发生争议的，以及前款规定的童工或者童工的近亲属就赔偿数额与单位发生争议的，按照处理劳动争议的有关规定处理。

第六十七条 本条例自2004年1月1日起施行。本条例施行前已受到事故伤害或者患职业病的职工尚未完成工伤认定的，按照本条例的规定执行。

最高人民法院关于审理劳动争议案件适用法律问题的解释（一）

（2020年12月25日最高人民法院审判委员会第1825次会议通过　自2021年1月1日起施行）

为正确审理劳动争议案件，根据《中华人民共和国民法典》《中华人民共和国劳动法》《中华人民共和国劳动合同法》《中华人民共和国劳动争议调解仲裁法》《中华人民共和国民事诉讼法》等相关法律规定，结合审判实践，制定本解释。

第一条　劳动者与用人单位之间发生的下列纠纷，属于劳动争议，当事人不服劳动争议仲裁机构作出的裁决，依法提起诉讼的，人民法院应予受理：

（一）劳动者与用人单位在履行劳动合同过程中发生的纠纷；

（二）劳动者与用人单位之间没有订立书面劳动合同，但已形成劳动关系后发生的纠纷；

（三）劳动者与用人单位因劳动关系是否已经解除或者终止，以及应否支付解除或者终止劳动关系经济补偿金发生的纠纷；

（四）劳动者与用人单位解除或者终止劳动关系后，请求用人单位返还其收取的劳动合同定金、保证金、抵押金、抵押物发生的纠纷，或者办理劳动者的人事档案、社会保险关系等移转手续发生的纠纷；

（五）劳动者以用人单位未为其办理社会保险手续，且社会保险经办机构不能补办导致其无法享受社会保险待遇为由，要求用人单位赔偿损失发生的纠纷；

（六）劳动者退休后，与尚未参加社会保险统筹的原用人单位因追索养老金、医疗费、工伤保险待遇和其他社会保险待遇而发生的纠纷；

（七）劳动者因为工伤、职业病，请求用人单位依法给予工伤保险待遇发生的纠纷；

（八）劳动者依据劳动合同法第八十五条规定，要求用人单位支付加付赔偿金发生的纠纷；

（九）因企业自主进行改制发生的纠纷。

第二条　下列纠纷不属于劳动争议：

（一）劳动者请求社会保险经办机构发放社会保险金的纠纷；

（二）劳动者与用人单位因住房制度改革产生的公有住房转让纠纷；

（三）劳动者对劳动能力鉴定委员会的伤残等级鉴定结论或者对职业病诊断鉴定委员会的职业病诊断鉴定结论的异议纠纷；

（四）家庭或者个人与家政服务人

员之间的纠纷；

（五）个体工匠与帮工、学徒之间的纠纷；

（六）农村承包经营户与受雇人之间的纠纷。

第三条 劳动争议案件由用人单位所在地或者劳动合同履行地的基层人民法院管辖。

劳动合同履行地不明确的，由用人单位所在地的基层人民法院管辖。

法律另有规定的，依照其规定。

第四条 劳动者与用人单位均不服劳动争议仲裁机构的同一裁决，向同一人民法院起诉的，人民法院应当并案审理，双方当事人互为原告和被告，对双方的诉讼请求，人民法院应当一并作出裁决。在诉讼过程中，一方当事人撤诉的，人民法院应当根据另一方当事人的诉讼请求继续审理。双方当事人就同一仲裁裁决分别向有管辖权的人民法院起诉的，后受理的人民法院应当将案件移送给先受理的人民法院。

第五条 劳动争议仲裁机构以无管辖权为由对劳动争议案件不予受理，当事人提起诉讼的，人民法院按照以下情形分别处理：

（一）经审查认为该劳动争议仲裁机构对案件确无管辖权的，应当告知当事人向有管辖权的劳动争议仲裁机构申请仲裁；

（二）经审查认为该劳动争议仲裁机构有管辖权的，应当告知当事人申请仲裁，并将审查意见书面通知该劳动争议仲裁机构；劳动争议仲裁机构仍不受理，当事人就该劳动争议事项提起诉讼的，人民法院应予受理。

第六条 劳动争议仲裁机构以当事人申请仲裁的事项不属于劳动争议为由，作出不予受理的书面裁决、决定或者通知，当事人不服依法提起诉讼的，人民法院应当分别情况予以处理：

（一）属于劳动争议案件的，应当受理；

（二）虽不属于劳动争议案件，但属于人民法院主管的其他案件，应当依法受理。

第七条 劳动争议仲裁机构以申请仲裁的主体不适格为由，作出不予受理的书面裁决、决定或者通知，当事人不服依法提起诉讼，经审查确属主体不适格的，人民法院不予受理；已经受理的，裁定驳回起诉。

第八条 劳动争议仲裁机构为纠正原仲裁裁决错误重新作出裁决，当事人不服依法提起诉讼的，人民法院应当受理。

第九条 劳动争议仲裁机构仲裁的事项不属于人民法院受理的案件范围，当事人不服依法提起诉讼的，人民法院不予受理；已经受理的，裁定驳回起诉。

第十条 当事人不服劳动争议仲裁机构作出的预先支付劳动者劳动报酬、

工伤医疗费、经济补偿或者赔偿金的裁决，依法提起诉讼的，人民法院不予受理。

用人单位不履行上述裁决中的给付义务，劳动者依法申请强制执行的，人民法院应予受理。

第十一条 劳动争议仲裁机构作出的调解书已经发生法律效力，一方当事人反悔提起诉讼的，人民法院不予受理；已经受理的，裁定驳回起诉。

第十二条 劳动争议仲裁机构逾期未作出受理决定或仲裁裁决，当事人直接提起诉讼的，人民法院应予受理，但申请仲裁的案件存在下列事由的除外：

（一）移送管辖的；

（二）正在送达或者送达延误的；

（三）等待另案诉讼结果、评残结论的；

（四）正在等待劳动争议仲裁机构开庭的；

（五）启动鉴定程序或者委托其他部门调查取证的；

（六）其他正当事由。

当事人以劳动争议仲裁机构逾期未作出仲裁裁决为由提起诉讼的，应当提交该仲裁机构出具的受理通知书或者其他已接受仲裁申请的凭证、证明。

第十三条 劳动者依据劳动合同法第三十条第二款和调解仲裁法第十六条规定向人民法院申请支付令，符合民事诉讼法第十七章督促程序规定的，人民法院应予受理。

依据劳动合同法第三十条第二款规定申请支付令被人民法院裁定终结督促程序后，劳动者就劳动争议事项直接提起诉讼的，人民法院应当告知其先向劳动争议仲裁机构申请仲裁。

依据调解仲裁法第十六条规定申请支付令被人民法院裁定终结督促程序后，劳动者依据调解协议直接提起诉讼的，人民法院应予受理。

第十四条 人民法院受理劳动争议案件后，当事人增加诉讼请求的，如该诉讼请求与讼争的劳动争议具有不可分性，应当合并审理；如属独立的劳动争议，应当告知当事人向劳动争议仲裁机构申请仲裁。

第十五条 劳动者以用人单位的工资欠条为证据直接提起诉讼，诉讼请求不涉及劳动关系其他争议的，视为拖欠劳动报酬争议，人民法院按照普通民事纠纷受理。

第十六条 劳动争议仲裁机构作出仲裁裁决后，当事人对裁决中的部分事项不服，依法提起诉讼的，劳动争议仲裁裁决不发生法律效力。

第十七条 劳动争议仲裁机构对多个劳动者的劳动争议作出仲裁裁决后，部分劳动者对仲裁裁决不服，依法提起诉讼的，仲裁裁决对提起诉讼的劳动者不发生法律效力；对未提起诉讼的部分劳动者，发生法律效力，如其申请执行的，人民法院应当受理。

第十八条　仲裁裁决的类型以仲裁裁决书确定为准。仲裁裁决书未载明该裁决为终局裁决或者非终局裁决，用人单位不服该仲裁裁决向基层人民法院提起诉讼的，应当按照以下情形分别处理：

（一）经审查认为该仲裁裁决为非终局裁决的，基层人民法院应予受理；

（二）经审查认为该仲裁裁决为终局裁决的，基层人民法院不予受理，但应告知用人单位可以自收到不予受理裁定书之日起三十日内向劳动争议仲裁机构所在地的中级人民法院申请撤销该仲裁裁决；已经受理的，裁定驳回起诉。

第十九条　仲裁裁决书未载明该裁决为终局裁决或者非终局裁决，劳动者依据调解仲裁法第四十七条第一项规定，追索劳动报酬、工伤医疗费、经济补偿或者赔偿金，如果仲裁裁决涉及数项，每项确定的数额均不超过当地月最低工资标准十二个月金额的，应当按照终局裁决处理。

第二十条　劳动争议仲裁机构作出的同一仲裁裁决同时包含终局裁决事项和非终局裁决事项，当事人不服该仲裁裁决向人民法院提起诉讼的，应当按照非终局裁决处理。

第二十一条　劳动者依据调解仲裁法第四十八条规定向基层人民法院提起诉讼，用人单位依据调解仲裁法第四十九条规定向劳动争议仲裁机构所在地的中级人民法院申请撤销仲裁裁决的，中级人民法院应当不予受理；已经受理的，应当裁定驳回申请。

被人民法院驳回起诉或者劳动者撤诉的，用人单位可以自收到裁定书之日起三十日内，向劳动争议仲裁机构所在地的中级人民法院申请撤销仲裁裁决。

第二十二条　用人单位依据调解仲裁法第四十九条规定向中级人民法院申请撤销仲裁裁决，中级人民法院作出的驳回申请或者撤销仲裁裁决的裁定为终审裁定。

第二十三条　中级人民法院审理用人单位申请撤销终局裁决的案件，应当组成合议庭开庭审理。经过阅卷、调查和询问当事人，对没有新的事实、证据或者理由，合议庭认为不需要开庭审理的，可以不开庭审理。

中级人民法院可以组织双方当事人调解。达成调解协议的，可以制作调解书。一方当事人逾期不履行调解协议的，另一方可以申请人民法院强制执行。

第二十四条　当事人申请人民法院执行劳动争议仲裁机构作出的发生法律效力的裁决书、调解书，被申请人提出证据证明劳动争议仲裁裁决书、调解书有下列情形之一，并经审查核实的，人民法院可以根据民事诉讼法第二百三十七条规定，裁定不予执行：

（一）裁决的事项不属于劳动争议仲裁范围，或者劳动争议仲裁机构无权仲裁的；

（二）适用法律、法规确有错误的；

（三）违反法定程序的；

（四）裁决所根据的证据是伪造的；

（五）对方当事人隐瞒了足以影响公正裁决的证据的；

（六）仲裁员在仲裁该案时有索贿受贿、徇私舞弊、枉法裁决行为的；

（七）人民法院认定执行该劳动争议仲裁裁决违背社会公共利益的。

人民法院在不予执行的裁定书中，应当告知当事人在收到裁定书之次日起三十日内，可以就该劳动争议事项向人民法院提起诉讼。

第二十五条 劳动争议仲裁机构作出终局裁决，劳动者向人民法院申请执行，用人单位向劳动争议仲裁机构所在地的中级人民法院申请撤销的，人民法院应当裁定中止执行。

用人单位撤回撤销终局裁决申请或者其申请被驳回的，人民法院应当裁定恢复执行。仲裁裁决被撤销的，人民法院应当裁定终结执行。

用人单位向人民法院申请撤销仲裁裁决被驳回后，又在执行程序中以相同理由提出不予执行抗辩的，人民法院不予支持。

第二十六条 用人单位与其它单位合并的，合并前发生的劳动争议，由合并后的单位为当事人；用人单位分立为若干单位的，其分立前发生的劳动争议，由分立后的实际用人单位为当事人。

用人单位分立为若干单位后，具体承受劳动权利义务的单位不明确的，分立后的单位均为当事人。

第二十七条 用人单位招用尚未解除劳动合同的劳动者，原用人单位与劳动者发生的劳动争议，可以列新的用人单位为第三人。

原用人单位以新的用人单位侵权为由提起诉讼的，可以列劳动者为第三人。

原用人单位以新的用人单位和劳动者共同侵权为由提起诉讼的，新的用人单位和劳动者列为共同被告。

第二十八条 劳动者在用人单位与其他平等主体之间的承包经营期间，与发包方和承包方双方或者一方发生劳动争议，依法提起诉讼的，应当将承包方和发包方作为当事人。

第二十九条 劳动者与未办理营业执照、营业执照被吊销或者营业期限届满仍继续经营的用人单位发生争议的，应当将用人单位或者其出资人列为当事人。

第三十条 未办理营业执照、营业执照被吊销或者营业期限届满仍继续经营的用人单位，以挂靠等方式借用他人营业执照经营的，应当将用人单位和营业执照出借方列为当事人。

第三十一条 当事人不服劳动争议仲裁机构作出的仲裁裁决，依法提起诉讼，人民法院审查认为仲裁裁决遗漏了必须共同参加仲裁的当事人的，应当依法追加遗漏的人为诉讼当事人。

被追加的当事人应当承担责任的，人民法院应当一并处理。

第三十二条 用人单位与其招用的已经依法享受养老保险待遇或者领取退休金的人员发生用工争议而提起诉讼的，人民法院应当按劳务关系处理。

企业停薪留职人员、未达到法定退休年龄的内退人员、下岗待岗人员以及企业经营性停产放长假人员，因与新的用人单位发生用工争议而提起诉讼的，人民法院应当按劳动关系处理。

第三十三条 外国人、无国籍人未依法取得就业证件即与中华人民共和国境内的用人单位签订劳动合同，当事人请求确认与用人单位存在劳动关系的，人民法院不予支持。

持有《外国专家证》并取得《外国人来华工作许可证》的外国人，与中华人民共和国境内的用人单位建立用工关系的，可以认定为劳动关系。

第三十四条 劳动合同期满后，劳动者仍在原用人单位工作，原用人单位未表示异议的，视为双方同意以原条件继续履行劳动合同。一方提出终止劳动关系的，人民法院应予支持。

根据劳动合同法第十四条规定，用人单位应当与劳动者签订无固定期限劳动合同而未签订的，人民法院可以视为双方之间存在无固定期限劳动合同关系，并以原劳动合同确定双方的权利义务关系。

第三十五条 劳动者与用人单位就解除或者终止劳动合同办理相关手续、支付工资报酬、加班费、经济补偿或者赔偿金等达成的协议，不违反法律、行政法规的强制性规定，且不存在欺诈、胁迫或者乘人之危情形的，应当认定有效。

前款协议存在重大误解或者显失公平情形，当事人请求撤销的，人民法院应予支持。

第三十六条 当事人在劳动合同或者保密协议中约定了竞业限制，但未约定解除或者终止劳动合同后给予劳动者经济补偿，劳动者履行了竞业限制义务，要求用人单位按照劳动者在劳动合同解除或者终止前十二个月平均工资的30%按月支付经济补偿的，人民法院应予支持。

前款规定的月平均工资的30%低于劳动合同履行地最低工资标准的，按照劳动合同履行地最低工资标准支付。

第三十七条 当事人在劳动合同或者保密协议中约定了竞业限制和经济补偿，当事人解除劳动合同时，除另有约定外，用人单位要求劳动者履行竞业限制义务，或者劳动者履行了竞业限制义务后要求用人单位支付经济补偿的，人民法院应予支持。

第三十八条 当事人在劳动合同或

者保密协议中约定了竞业限制和经济补偿，劳动合同解除或者终止后，因用人单位的原因导致三个月未支付经济补偿，劳动者请求解除竞业限制约定的，人民法院应予支持。

第三十九条　在竞业限制期限内，用人单位请求解除竞业限制协议的，人民法院应予支持。

在解除竞业限制协议时，劳动者请求用人单位额外支付劳动者三个月的竞业限制经济补偿的，人民法院应予支持。

第四十条　劳动者违反竞业限制约定，向用人单位支付违约金后，用人单位要求劳动者按照约定继续履行竞业限制义务的，人民法院应予支持。

第四十一条　劳动合同被确认为无效，劳动者已付出劳动的，用人单位应当按照劳动合同法第二十八条、第四十六条、第四十七条的规定向劳动者支付劳动报酬和经济补偿。

由于用人单位原因订立无效劳动合同，给劳动者造成损害的，用人单位应当赔偿劳动者因合同无效所造成的经济损失。

第四十二条　劳动者主张加班费的，应当就加班事实的存在承担举证责任。但劳动者有证据证明用人单位掌握加班事实存在的证据，用人单位不提供的，由用人单位承担不利后果。

第四十三条　用人单位与劳动者协商一致变更劳动合同，虽未采用书面形式，但已经实际履行了口头变更的劳动合同超过一个月，变更后的劳动合同内容不违反法律、行政法规且不违背公序良俗，当事人以未采用书面形式为由主张劳动合同变更无效的，人民法院不予支持。

第四十四条　因用人单位作出的开除、除名、辞退、解除劳动合同、减少劳动报酬、计算劳动者工作年限等决定而发生的劳动争议，用人单位负举证责任。

第四十五条　用人单位有下列情形之一，迫使劳动者提出解除劳动合同的，用人单位应当支付劳动者的劳动报酬和经济补偿，并可支付赔偿金：

（一）以暴力、威胁或者非法限制人身自由的手段强迫劳动的；

（二）未按照劳动合同约定支付劳动报酬或者提供劳动条件的；

（三）克扣或者无故拖欠劳动者工资的；

（四）拒不支付劳动者延长工作时间工资报酬的；

（五）低于当地最低工资标准支付劳动者工资的。

第四十六条　劳动者非因本人原因从原用人单位被安排到新用人单位工作，原用人单位未支付经济补偿，劳动者依据劳动合同法第三十八条规定与新用人单位解除劳动合同，或者新用人单位向劳动者提出解除、终止劳动合同，在计算支付经济补偿或赔偿金的工作年限时，劳动者请求把在原用人单位的工作年限合并计算为新用人单位工作年限的，人民法院应予支持。

用人单位符合下列情形之一的，应当认定属于"劳动者非因本人原因从原用人单位被安排到新用人单位工作"：

（一）劳动者仍在原工作场所、工作岗位工作，劳动合同主体由原用人单位变更为新用人单位；

（二）用人单位以组织委派或任命形式对劳动者进行工作调动；

（三）因用人单位合并、分立等原因导致劳动者工作调动；

（四）用人单位及其关联企业与劳动者轮流订立劳动合同；

（五）其他合理情形。

第四十七条 建立了工会组织的用人单位解除劳动合同符合劳动合同法第三十九条、第四十条规定，但未按照劳动合同法第四十三条规定事先通知工会，劳动者以用人单位违法解除劳动合同为由请求用人单位支付赔偿金的，人民法院应予支持，但起诉前用人单位已经补正有关程序的除外。

第四十八条 劳动合同法施行后，因用人单位经营期限届满不再继续经营导致劳动合同不能继续履行，劳动者请求用人单位支付经济补偿的，人民法院应予支持。

第四十九条 在诉讼过程中，劳动者向人民法院申请采取财产保全措施，人民法院经审查认为申请人经济确有困难，或者有证据证明用人单位存在欠薪逃匿可能的，应当减轻或者免除劳动者提供担保的义务，及时采取保全措施。

人民法院作出的财产保全裁定中，应当告知当事人在劳动争议仲裁机构的裁决书或者在人民法院的裁判文书生效后三个月内申请强制执行。逾期不申请的，人民法院应当裁定解除保全措施。

第五十条 用人单位根据劳动合同法第四条规定，通过民主程序制定的规章制度，不违反国家法律、行政法规及政策规定，并已向劳动者公示的，可以作为确定双方权利义务的依据。

用人单位制定的内部规章制度与集体合同或者劳动合同约定的内容不一致，劳动者请求优先适用合同约定的，人民法院应予支持。

第五十一条 当事人在调解仲裁法第十条规定的调解组织主持下达成的具有劳动权利义务内容的调解协议，具有劳动合同的约束力，可以作为人民法院裁判的根据。

当事人在调解仲裁法第十条规定的调解组织主持下仅就劳动报酬争议达成调解协议，用人单位不履行调解协议确定的给付义务，劳动者直接提起诉讼的，人民法院可以按照普通民事纠纷受理。

第五十二条 当事人在人民调解委员会主持下仅就给付义务达成的调解协

议，双方认为有必要的，可以共同向人民调解委员会所在地的基层人民法院申请司法确认。

第五十三条 用人单位对劳动者作出的开除、除名、辞退等处理，或者因其他原因解除劳动合同确有错误的，人民法院可以依法判决予以撤销。

对于追索劳动报酬、养老金、医疗费以及工伤保险待遇、经济补偿金、培训费及其他相关费用等案件，给付数额不当的，人民法院可以予以变更。

第五十四条 本解释自2021年1月1日起施行。

中华人民共和国
劳动争议调解仲裁法

（2007年12月29日第十届全国人民代表大会常务委员会第三十一次会议通过）

第一条 为了公正及时解决劳动争议，保护当事人合法权益，促进劳动关系和谐稳定，制定本法。

第二条 中华人民共和国境内的用人单位与劳动者发生的下列劳动争议，适用本法：

（一）因确认劳动关系发生的争议；

（二）因订立、履行、变更、解除和终止劳动合同发生的争议；

（三）因除名、辞退和辞职、离职发生的争议；

（四）因工作时间、休息休假、社会保险、福利、培训以及劳动保护发生的争议；

（五）因劳动报酬、工伤医疗费、经济补偿或者赔偿金等发生的争议；

（六）法律、法规规定的其他劳动争议。

第三条 解决劳动争议，应当根据事实，遵循合法、公正、及时、着重调解的原则，依法保护当事人的合法权益。

第四条 发生劳动争议，劳动者可以与用人单位协商，也可以请工会或者第三方共同与用人单位协商，达成和解协议。

第五条 发生劳动争议，当事人不愿协商、协商不成或者达成和解协议后不履行的，可以向调解组织申请调解；不愿调解、调解不成或者达成调解协议后不履行的，可以向劳动争议仲裁委员会申请仲裁；对仲裁裁决不服的，除本法另有规定的外，可以向人民法院提起诉讼。

第六条 发生劳动争议，当事人对自己提出的主张，有责任提供证据。与争议事项有关的证据属于用人单位掌握管理的，用人单位应当提供；用人单位不提供的，应当承担不利后果。

第七条 发生劳动争议的劳动者一方在十人以上，并有共同请求的，可以推举代表参加调解、仲裁或者诉讼活动。

第八条 县级以上人民政府劳动行政部门会同工会和企业方面代表建立协调劳动关系三方机制，共同研究解决劳动争议的重大问题。

第九条 用人单位违反国家规定，拖欠或者未足额支付劳动报酬，或者拖欠工伤医疗费、经济补偿或者赔偿金的，劳动者可以向劳动行政部门投诉，劳动行政部门应当依法处理。

第二章 调 解

第十条 发生劳动争议，当事人可以到下列调解组织申请调解：

（一）企业劳动争议调解委员会；

（二）依法设立的基层人民调解组织；

（三）在乡镇、街道设立的具有劳动争议调解职能的组织。

企业劳动争议调解委员会由职工代表和企业代表组成。职工代表由工会成员担任或者由全体职工推举产生，企业代表由企业负责人指定。企业劳动争议调解委员会主任由工会成员或者双方推举的人员担任。

第十一条 劳动争议调解组织的调解员应当由公道正派、联系群众、热心调解工作，并具有一定法律知识、政策水平和文化水平的成年公民担任。

第十二条 当事人申请劳动争议调解可以书面申请，也可以口头申请。口头申请的，调解组织应当当场记录申请人基本情况、申请调解的争议事项、理由和时间。

第十三条 调解劳动争议，应当充分听取双方当事人对事实和理由的陈述，耐心疏导，帮助其达成协议。

第十四条 经调解达成协议的，应当制作调解协议书。

调解协议书由双方当事人签名或者盖章，经调解员签名并加盖调解组织印章后生效，对双方当事人具有约束力，当事人应当履行。

自劳动争议调解组织收到调解申请之日起十五日内未达成调解协议的，当事人可以依法申请仲裁。

第十五条 达成调解协议后，一方当事人在协议约定期限内不履行调解协议的，另一方当事人可以依法申请仲裁。

第十六条 因支付拖欠劳动报酬、工伤医疗费、经济补偿或者赔偿金事项达成调解协议，用人单位在协议约定期限内不履行的，劳动者可以持调解协议书依法向人民法院申请支付令。人民法院应当依法发出支付令。

第三章 仲 裁

第一节 一般规定

第十七条 劳动争议仲裁委员会按

照统筹规划、合理布局和适应实际需要的原则设立。省、自治区人民政府可以决定在市、县设立；直辖市人民政府可以决定在区、县设立。直辖市、设区的市也可以设立一个或者若干个劳动争议仲裁委员会。劳动争议仲裁委员会不按行政区划层层设立。

第十八条 国务院劳动行政部门依照本法有关规定制定仲裁规则。省、自治区、直辖市人民政府劳动行政部门对本行政区域的劳动争议仲裁工作进行指导。

第十九条 劳动争议仲裁委员会由劳动行政部门代表、工会代表和企业方面代表组成。劳动争议仲裁委员会组成人员应当是单数。

劳动争议仲裁委员会依法履行下列职责：

（一）聘任、解聘专职或者兼职仲裁员；

（二）受理劳动争议案件；

（三）讨论重大或者疑难的劳动争议案件；

（四）对仲裁活动进行监督。

劳动争议仲裁委员会下设办事机构，负责办理劳动争议仲裁委员会的日常工作。

第二十条 劳动争议仲裁委员会应当设仲裁员名册。

仲裁员应当公道正派并符合下列条件之一：

（一）曾任审判员的；

（二）从事法律研究、教学工作并具有中级以上职称的；

（三）具有法律知识、从事人力资源管理或者工会等专业工作满五年的；

（四）律师执业满三年的。

第二十一条 劳动争议仲裁委员会负责管辖本区域内发生的劳动争议。

劳动争议由劳动合同履行地或者用人单位所在地的劳动争议仲裁委员会管辖。双方当事人分别向劳动合同履行地和用人单位所在地的劳动争议仲裁委员会申请仲裁的，由劳动合同履行地的劳动争议仲裁委员会管辖。

第二十二条 发生劳动争议的劳动者和用人单位为劳动争议仲裁案件的双方当事人。

劳务派遣单位或者用工单位与劳动者发生劳动争议的，劳务派遣单位和用工单位为共同当事人。

第二十三条 与劳动争议案件的处理结果有利害关系的第三人，可以申请参加仲裁活动或者由劳动争议仲裁委员会通知其参加仲裁活动。

第二十四条 当事人可以委托代理人参加仲裁活动。委托他人参加仲裁活动，应当向劳动争议仲裁委员会提交有委托人签名或者盖章的委托书，委托书应当载明委托事项和权限。

第二十五条 丧失或者部分丧失民事行为能力的劳动者，由其法定代理人代为参加仲裁活动；无法定代理人的，由劳动争议仲裁委员会为其指定代理人。劳动者死亡的，由其近亲属或者代理人参加仲裁活动。

第二十六条 劳动争议仲裁公开进行，但当事人协议不公开进行或者涉及国家秘密、商业秘密和个人隐私的除外。

第二节 申请和受理

第二十七条 劳动争议申请仲裁的时效期间为一年。仲裁时效期间从当事人知道或者应当知道其权利被侵害之日起计算。

前款规定的仲裁时效，因当事人一方向对方当事人主张权利，或者向有关部门请求权利救济，或者对方当事人同意履行义务而中断。从中断时起，仲裁时效期间重新计算。

因不可抗力或者有其他正当理由，当事人不能在本条第一款规定的仲裁时效期间申请仲裁的，仲裁时效中止。从中止时效的原因消除之日起，仲裁时效期间继续计算。

劳动关系存续期间因拖欠劳动报酬发生争议的，劳动者申请仲裁不受本条第一款规定的仲裁时效期间的限制；但是，劳动关系终止的，应当自劳动关系终止之日起一年内提出。

第二十八条 申请人申请仲裁应当提交书面仲裁申请，并按照被申请人人数提交副本。

仲裁申请书应当载明下列事项：

（一）劳动者的姓名、性别、年龄、职业、工作单位和住所，用人单位的名称、住所和法定代表人或者主要负责人的姓名、职务；

（二）仲裁请求和所根据的事实、理由；

（三）证据和证据来源、证人姓名和住所。

书写仲裁申请确有困难的，可以口头申请，由劳动争议仲裁委员会记入笔录，并告知对方当事人。

第二十九条 劳动争议仲裁委员会收到仲裁申请之日起五日内，认为符合受理条件的，应当受理，并通知申请人；认为不符合受理条件的，应当书面通知申请人不予受理，并说明理由。对劳动争议仲裁委员会不予受理或者逾期未作出决定的，申请人可以就该劳动争议事项向人民法院提起诉讼。

第三十条 劳动争议仲裁委员会受理仲裁申请后，应当在五日内将仲裁申请书副本送达被申请人。

被申请人收到仲裁申请书副本后，应当在十日内向劳动争议仲裁委员会提交答辩书。劳动争议仲裁委员会收到答辩书后，应当在五日内将答辩书副本送达申请人。被申请人未提交答辩书的，不影响仲裁程序的进行。

第三节 开庭和裁决

第三十一条 劳动争议仲裁委员会

裁决劳动争议案件实行仲裁庭制。仲裁庭由三名仲裁员组成，设首席仲裁员。简单劳动争议案件可以由一名仲裁员独任仲裁。

第三十二条 劳动争议仲裁委员会应当在受理仲裁申请之日起五日内将仲裁庭的组成情况书面通知当事人。

第三十三条 仲裁员有下列情形之一，应当回避，当事人也有权以口头或者书面方式提出回避申请：

（一）是本案当事人或者当事人、代理人的近亲属的；

（二）与本案有利害关系的；

（三）与本案当事人、代理人有其他关系，可能影响公正裁决的；

（四）私自会见当事人、代理人，或者接受当事人、代理人的请客送礼的。

劳动争议仲裁委员会对回避申请应当及时作出决定，并以口头或者书面方式通知当事人。

第三十四条 仲裁员有本法第三十三条第四项规定情形，或者有索贿受贿、徇私舞弊、枉法裁决行为的，应当依法承担法律责任。劳动争议仲裁委员会应当将其解聘。

第三十五条 仲裁庭应当在开庭五日前，将开庭日期、地点书面通知双方当事人。当事人有正当理由的，可以在开庭三日前请求延期开庭。是否延期，由劳动争议仲裁委员会决定。

第三十六条 申请人收到书面通知，无正当理由拒不到庭或者未经仲裁庭同意中途退庭的，可以视为撤回仲裁申请。

被申请人收到书面通知，无正当理由拒不到庭或者未经仲裁庭同意中途退庭的，可以缺席裁决。

第三十七条 仲裁庭对专门性问题认为需要鉴定的，可以交由当事人约定的鉴定机构鉴定；当事人没有约定或者无法达成约定的，由仲裁庭指定的鉴定机构鉴定。

根据当事人的请求或者仲裁庭的要求，鉴定机构应当派鉴定人参加开庭。当事人经仲裁庭许可，可以向鉴定人提问。

第三十八条 当事人在仲裁过程中有权进行质证和辩论。质证和辩论终结时，首席仲裁员或者独任仲裁员应当征询当事人的最后意见。

第三十九条 当事人提供的证据经查证属实的，仲裁庭应当将其作为认定事实的根据。

劳动者无法提供由用人单位掌握管理的与仲裁请求有关的证据，仲裁庭可以要求用人单位在指定期限内提供。用人单位在指定期限内不提供的，应当承担不利后果。

第四十条 仲裁庭应当将开庭情况记入笔录。当事人和其他仲裁参加人认为对自己陈述的记录有遗漏或者差错的，有权申请补正。如果不予补正，应当记录该申请。

笔录由仲裁员、记录人员、当事人和其他仲裁参加人签名或者盖章。

第四十一条 当事人申请劳动争议仲裁后,可以自行和解。达成和解协议的,可以撤回仲裁申请。

第四十二条 仲裁庭在作出裁决前,应当先行调解。

调解达成协议的,仲裁庭应当制作调解书。

调解书应当写明仲裁请求和当事人协议的结果。调解书由仲裁员签名,加盖劳动争议仲裁委员会印章,送达双方当事人。调解书经双方当事人签收后,发生法律效力。

调解不成或者调解书送达前,一方当事人反悔的,仲裁庭应当及时作出裁决。

第四十三条 仲裁庭裁决劳动争议案件,应当自劳动争议仲裁委员会受理仲裁申请之日起四十五日内结束。案情复杂需要延期的,经劳动争议仲裁委员会主任批准,可以延期并书面通知当事人,但是延长期限不得超过十五日。逾期未作出仲裁裁决的,当事人可以就该劳动争议事项向人民法院提起诉讼。

仲裁庭裁决劳动争议案件时,其中一部分事实已经清楚,可以就该部分先行裁决。

第四十四条 仲裁庭对追索劳动报酬、工伤医疗费、经济补偿或者赔偿金的案件,根据当事人的申请,可以裁决先予执行,移送人民法院执行。

仲裁庭裁决先予执行的,应当符合下列条件:

(一)当事人之间权利义务关系明确;

(二)不先予执行将严重影响申请人的生活。

劳动者申请先予执行的,可以不提供担保。

第四十五条 裁决应当按照多数仲裁员的意见作出,少数仲裁员的不同意见应当记入笔录。仲裁庭不能形成多数意见时,裁决应当按照首席仲裁员的意见作出。

第四十六条 裁决书应当载明仲裁请求、争议事实、裁决理由、裁决结果和裁决日期。裁决书由仲裁员签名,加盖劳动争议仲裁委员会印章。对裁决持不同意见的仲裁员,可以签名,也可以不签名。

第四十七条 下列劳动争议,除本法另有规定的外,仲裁裁决为终局裁决,裁决书自作出之日起发生法律效力:

(一)追索劳动报酬、工伤医疗费、经济补偿或者赔偿金,不超过当地月最低工资标准十二个月金额的争议;

(二)因执行国家的劳动标准在工作时间、休息休假、社会保险等方面发生的争议。

第四十八条 劳动者对本法第四十七条规定的仲裁裁决不服的,可以自收到仲裁裁决书之日起十五日内向人民法院提起诉讼。

第四十九条 用人单位有证据证明本法第四十七条规定的仲裁裁决有下列情形之一，可以自收到仲裁裁决书之日起三十日内向劳动争议仲裁委员会所在地的中级人民法院申请撤销裁决：

（一）适用法律、法规确有错误的；

（二）劳动争议仲裁委员会无管辖权的；

（三）违反法定程序的；

（四）裁决所根据的证据是伪造的；

（五）对方当事人隐瞒了足以影响公正裁决的证据的；

（六）仲裁员在仲裁该案时有索贿受贿、徇私舞弊、枉法裁决行为的。

人民法院经组成合议庭审查核实裁决有前款规定情形之一的，应当裁定撤销。

仲裁裁决被人民法院裁定撤销的，当事人可以自收到裁定书之日起十五日内就该劳动争议事项向人民法院提起诉讼。

第五十条 当事人对本法第四十七条规定以外的其他劳动争议案件的仲裁裁决不服的，可以自收到仲裁裁决书之日起十五日内向人民法院提起诉讼；期满不起诉的，裁决书发生法律效力。

第五十一条 当事人对发生法律效力的调解书、裁决书，应当依照规定的期限履行。一方当事人逾期不履行的，另一方当事人可以依照民事诉讼法的有关规定向人民法院申请执行。受理申请的人民法院应当依法执行。

第四章 附 则

第五十二条 事业单位实行聘用制的工作人员与本单位发生劳动争议的，依照本法执行；法律、行政法规或者国务院另有规定的，依照其规定。

第五十三条 劳动争议仲裁不收费。劳动争议仲裁委员会的经费由财政予以保障。

第五十四条 本法自2008年5月1日起施行。